나대로
사는 것은
축복이다

나대로 사는 것은 축복이다

초 판 1쇄 2023년 12월 27일

지은이 최이정
펴낸이 류종렬

펴낸곳 미다스북스
본부장 임종익
편집장 이다경
책임진행 김가영, 박유진, 윤가희, 이예나, 안채원, 김요섭, 임인영

등록 2001년 3월 21일 제2001-000040호
주소 서울시 마포구 양화로 133 서교타워 711호
전화 02) 322-7802~3
팩스 02) 6007-1845
블로그 http://blog.naver.com/midasbooks
전자주소 midasbooks@hanmail.net
페이스북 https://www.facebook.com/midasbooks425
인스타그램 https://www.instagram/midasbooks

© 최이정, 미다스북스 2023, *Printed in Korea*.

ISBN 979-11-6910-432-6 03190

값 18,000원

미다스북스는 다음세대에게 필요한 지혜와 교양을 생각합니다.

평범한 50대 주부가 20여 개국을 돌며 이룬 기적의 삶

나대로
사는 것은
축복이다

최이정 지음

미다스북스

인생의 비밀을 알다

원고를 마치고 달려온 시간 동안 너무 몰입을 했나 눈에 통증이 왔다. 한쪽 눈은 감고 다른 쪽 눈을 겨우 뜨며 써 내려갔다. 기적 같은 삶을 회상하자 행복과 뜨거운 눈물이 교차한다. 책을 쓰고 싶다는 소원을 이루었다. 평범한 주부로서의 삶을 벗어 버리고 잠자던 꿈을 찾는 여정을 책에 담았다. 기적 같은 삶은 나를 더 성장하게 했다. 시각화하고 상상한 모든 꿈이 이루어진다.

기쁘고 행복한 날, 돌아가신 아버지가 생각났다. 서울 독산동에 있는 초등학교에 다녔고 중·고등학교는 근처 시흥으로 다니며 평범한 시절을 보냈다. 대학에 다닐 무렵 아버지가 사업을 벌여 재산 전부를 탕진하는 일이 벌어진다. 모든 불행이 한꺼번에 닥쳐왔다. 자신을 탐구하며 깊은 깨달음을 얻게 되었다. 고통은 나에게 기회를 주었다.

필리핀, 영국, 폴란드 등 20여 개국을 돌며 일과 여행 속에서 삶의 해답을 얻고 비밀을 알게 되었다. 왜 고통 속에 살아야 하나? 그 속에서 벗어나는 법은 없을까? 나에게 있어 행복은 무엇인가? 등 나에게 끊임없는 질문을 하기 시작했다. 고통에서 벗어나면서 날개를 달고 날아갈 수 있었다.

영국을 끝으로 일을 마무리하고 영국 맥퀸즈플라워스쿨에 입학한다. 2023년 전 과정을 수료하고 올해 한국으로 귀국하여 문수빈 책 쓰기 코치님을 만나 책 쓰기 과정을 마치고 원고를 써서 미다스북스와 출판 계약을 했다. 테라피플라워스튜디오를 오픈해 자기 사랑 실천을 통해 한 개인이 고통과 두려움 없이 성장할 수 있도록 돕고 있다.

나 자신을 철저히 분석했다. 두려움과 고통을 어떻게 극복할 수 있나? 문제를 정면으로 부딪치며 내부에서 찾기 시작한다. 이제까지 남을 탓하며 불평만 늘어놓은 삶에서 나로 살기로 결심한다. 늦은 나이에도 도전은 계속되었다.

한편의 인생 시나리오는 자신이 쓰는 것이다. 모든 것은 우리의 생각이 만들어 내는 창조물이다. 자신만이 안다. 삶에는 고통과 행복이 함께 오고 우리가 자신을 어떻게 대하느냐에 따라 그것이 고통이 되기도 하고 행복이 되기도 한다. 생각은 강력한 힘이다.

　인생의 파도를 타고 고통을 넘어 책을 쓰는 곳으로 안내했다. 단조로 웠던 삶에 기적이 일어난 것은 생각한 대로 행동을 했기 때문이다. 나보 다 대단한 사람들은 많다. 나와 같은 평범한 주부가 해냈으니 당신도 할 수 있다. 있는 그대로의 자신을 사랑한다면 틀림없이 기적은 일어난다. 이 책대로 실천한다면 고통 없는 세상에 원하는 걸 이루고 살 수 있다. 먼 길을 오며 비밀을 알기까지 많은 시간이 흘렀다.

　나의 삶이 끝나는 날까지 하고 싶은 것을 하며 인생의 걸작을 만들 예 정이다. 답을 알기에 가능성은 충분하다.

　우리가 하는 생각과 말이 미래가 된다. 강력한 우리의 삶에 영향을 준 다. 생각하라. 그리고 행동하라. 당신에게도 기적이 일어날 수 있다. 있 는 그대로, 나대로의 삶은 분명 기적이 되어 우리 앞에 온다. 당신과 같 은 평범한 내가 해냈다. 끝까지 읽어 보길 바란다. 우리에게 문제가 되는 모든 것은 다 풀려나가게 된다. 왜 이렇게 살았나 의문이 풀린다. 있는 그대로 자신을 사랑하며 책을 읽길 바란다.

목차

1장

생각이
미래를
결정한다

01

당신의 꿈을 상상화 하라

나는 지금 등촌동 사무실에서 이 글을 쓰고 있다. 8년간의 극적인 나의 인생은 한 편의 드라마였다. 8년 전 필리핀에서 일하며 외롭고 앞이 캄캄한 내 인생에 유튜브의 한 장면이 들어왔다. 책을 읽어주며 치유와 희망이라는 메시지를 전달하는 방송이었다. 바로 이거구나!라는 생각이 들었다. 나를 있는 그대로 사랑하라는 메시지를 담은 치유책을 안고 2년간의 필리핀 생활을 정리했다. 한국으로 귀국하자마자 독서 모임에 참가하였다. 그곳에서 제2의 인생 서막이 열렸다. 한 분의 작가와 평범한 주부를 만난다. 이 만남으로 내 인생에 큰 변화가 올 줄 몰랐다. 우리는 우주가 끌어당긴 사람들처럼 서로 간절한 열정만큼은 같은 사람들이었다. 박 작가는 광고 회사 과장님, 회사 생활에 염증을 느껴 새로운 변화를 하고자 나오셨고 또 다른 한 분은 평범한 주부, 푸근한 인상에 호기심이 무척이나 많은 분이셨다. 나는 이제 막 주부로서 살다 남편의 사업이 망한 끝에 몸과 마음이 모두 지쳐 새로운 변화를 위해 바깥세상을 탐구하고자 나온

사십 대 중반의 여성이다.

세 사람의 조합은 분명 연결 고리가 있다고 생각했다. 서로의 미래를 이야기하며 광고 회사 과장님이신 박 작가님의 지도하에 우리는 꿈을 시각화한 다음 관련 사진을 검색하고 출력하여 비전 보드를 만들었다. 다 이뤄진 것처럼 부푼 가슴을 안고 집으로 와서 보고 또 본 후 침대 위 벽에 걸어 두었다. 이것이 내 인생의 화살이 되어 지금도 생각하면 어마어마한 일이 벌어질 줄 꿈에도 몰랐다. 지금 그 작가님은 그 당시 시각화한 심리치료사가 되셔서 멋지게 살고 계신다.

15년 전 어느 날, 아들이 초등학생 때 캐나다 유학을 보내기 위해 준비 중 아들 친구 엄마와 철학원에 같이 갔던 적이 있다. 기억에 남는 대화가 있다. 철학원 선생님께 "저는 세계 여러 나라를 훨훨 자유로이 다니고 싶은데요. 어떻게 하면 갈 수 있나요?"라고 막연하게 물었다. "어디든 갈 수 있어요. 일단 나가 보시고 그 다음 생각하시죠."라고 말씀하셨다. 뜬 구름 잡는 말 같지만 믿고 싶었다. 그 믿음은 필리핀을 시작으로 20여 개 국까지 이어지게 된다.

강남 사무실에서 만든 비전 보드는 이름 모를 빨간 벽돌집 사진, 책들을 쌓아 놓은 사진, 전문직 여성의 사진, 이탈리아 사진, 강의하는 사진,

영어 문제지 사진, 여행지등으로 꾸며졌다. 만들었던 비전보드대로 내 인생에 펼쳐진다. 믿기 어려운 일들이 일어난다. 내가 상상한 대로 삶이 펼쳐졌다. 사진을 보며 시각화를 꾸준히 했기 때문이다.

그다음 해에 남편의 사업이 부도 처리가 되고 쫄딱 망해서 어머니의 상가 건물 3층 집으로 옮기게 된다. 어쩔 수 없는 선택이었다. 주부로만 살던 내가 바깥세상에서 할 수 있는 것들이 많지 않았다. 어느 날, 지인 으로부터 폴란드에 한국 프랜차이즈사업을 진행하고 있어 면접을 진행 한다는 말을 들었다. 세계 어느 나라든 가고픈 생각이 내 머릿속에서 지 워지지 않고 있음을 알았다. 나는 준비도 없이 사무실에서 면접을 보는 데 다른 사람의 화려한 경력들이 보였다. 잘 만들어진 이력서와 경력뿐 아니라 영어도 가능해야 한다는 말에 멍하니 아무 말도 못 하고 있었다. 돌아오는 길에 '무슨 용기로 나이도 많고 영어도 안 되는 여자가 덤벼들 었지!' 하는 후회와 창피함이 내 얼굴을 붉게 물들게 했다. 마음은 한없이 작아지고 있었다.

포기할 수 없을 만큼 간절히 가고 싶었다. 면접 보신 분께 장문의 카톡 을 보냈다. 나이는 있지만 젊은 사람보다 끈기와 요리 경험은 더 많다고 했다. 식품영양학과를 나와 식단 짜는 데는 문제가 없으며, 영어는 시간 이 있으니 학원에 다니며 준비해 두겠다고 했다. 제발 날 보내 달라고 사정한 글이었다. 나의 간절한 마음을 전했다. 가든 못 가든 내 운명이면 받아들이기로 했다. 며칠이 지나 한 통의 전화가 왔다. 그 책임자분의 전화목소리가 내 귀로 흘러 들어온다. 회사에서 모험을 걸고 기회를 준다는 말이었다. 토익을 준비하라고 했다. 나는 순간 겁도 나고 가고 싶은 마음도 함께 다가왔다. 젊은이들 속에서 단어를 외우며 끝이 어딘지도 모른 채 펼쳐진 대로 가 보기로 했다.

그해 8월 초 한 통의 전화가 온다. 일주일 시간을 줄 테니 폴란드로 출국할 준비를 하라는 것이었다. 바로 결정하라는 것이었다. 그곳 사정으로 갑자기 앞당겨져 가야 한다는 것이다. 가슴을 쓸어내리며 숨이 멈추는 듯했다. 이렇게 빨리 될 줄 몰랐다. 내가 뿌린 작은 씨가 세상에 퍼져 싹이 나기 시작한 시점과 장소는 저 멀리 있는 폴란드 땅이다. 폴란드로 가는 비행기에 올라타며 나는 새로 태어난 의미로 '로즈'라는 나의 영어이름을 가슴에 간직하고 한국에서의 모든 아픔과 두려움을 비행기 창문 너머로 날려 버렸다. 비행시간 10시간이 넘는 폴란드로 갔다.

세상은 계획대로 착착 되지 않는다는 걸 알았고, 안 될 것만 늘어놓았다면 시작도 못 했을 것이다. 간절함이 있었기에 나의 밝은 성격과 호기심이 젊어서 못 해 본 꿈을 향해 가슴에 불을 지폈다. 열 번이나 읽은 루이스 L. 헤이 작가의 『치유』는 나의 인생에 많은 용기와 힘을 주었다. 나를 있는 그대로 사랑하라는 외침은 거울 앞에서 눈물을 펑펑 흘리게 할 정도로 앞으로 어떻게 하고 살라는 가르침 같았다.

지금도 도전하지 못하고 부족해서 준비가 안 되어서 주저하는 모든 사람에게 외치고 싶다. 우리는 완벽할 수 없으며 한 번 해 보고 그 뒤 일어나는 변수는 미리 걱정할 필요 없다. 내가 외국에, 그것도 한국 사람에게는 낯선 폴란드에 갔다. 주변에서 우려와 힘들다는 둥 고생한다는 둥 여러 사람이 말리고 방해도 했다. 지금 아니면 다시는 못 갈 것 같아 결정을 내린다고 나에게 외쳤다. 가만히 있으면 아무 일도 일어나지 않는다. 누구의 허락이 필요 없다. 그동안 많은 책을 읽고 모든 고통과 두려움은 내 안의 내가 만든 거라는 걸 알았다. 많은 시간을 보내고 얻은 깊은 통찰력이다.

작은 일에도 크게 걱정하며 주변을 너무 살피느라 나만의 온전한 삶을 못 살고 참 피곤하고 힘겹게 살았다. 그런 만큼 나를 더 안아주고 이제는 위로해 주고 싶다. 너는 무엇이든 생각한 대로 할 수 있다고 말이다. 지금 이대로도 충분하다고 말이다. 그냥 앞을 보고 가 보라고 나이는 아무 상관없다고 말하고 싶다.

폴란드행은 나중 알고 많이 놀랐다. 시각화한 빨간 벽돌집의 사진을 추적해 보니 폴란드의 전형적인 집이었다. 어느 나라 집인지도 모르고 프린트한 집, 그곳이 내가 간 폴란드이다. 어떻게 이렇게 되었나 싶을 정도로 깜짝 놀랐다. 이것을 통해 내가 생각하던 인생이 내 앞에 펼쳐질 것이라는 확신이 생겼다. 원하는 것을 끊임없이 생각하고 상상화 하면 된다는 확신을 하고 매년 나는 비전 보드를 만든다. 우리가 하는 모든 생각들이 미래를 만든다. 확신한다. 상상이 미래가 된다. 당신의 꿈을 시각화하고 지금 당장 네이버로 들어가 사진을 오려 비전 보드를 만들어라. 이렇게 말했는데도 하는 사람은 1%도 안 될 것이다. 그 1% 안에 당신이 있길 바란다.

02

실패는 또 다른 시작이다

남편의 사업이 부도 처리되고 몸과 마음이 바닥으로 내려간 날 남은 돈이 야금야금 없어져 간다는 두려움이 엄습해 왔다. 나는 심한 스트레스로 살이 일주일간 6kg이나 빠지는 일이 벌어진다. 두려움은 병을 만든다고, 내게도 예외일 수 없다. 검사를 하고 급성 감기로 인한 갑상샘염이라는 진단을 받는다. 몸은 피곤하고 얼굴에도 검은 그림자가 드리워져 있고 침대에서 나오기가 싫어서 일주일간 그냥 누워 있기만 했다. 아이를 보니 내가 이렇게 살았다가는 보여줄 게 없다는 생각이 들었다. 뭔가를 해야겠다는 생각이 불쑥 내 뺨을 한 대 후려치고 있었다. 정신이 번쩍 들어 박차고 일어나 청소부터 했다. 집 안에서는 일주일간의 흔적이 고스란히 보였다. 먹다 남은 김치찌개가 담긴 냄비, 바닥에는 먼지가 뿌옇게 앉은 옷과 수건들, 청소를 시작했다. 마음이 조금 진정되는 듯했다.

필리핀으로 가게 되는 계기가 생긴다. 간절하면 이루어진다고, 절호의 기회가 왔다. 무작정 가고 싶어 없던 이유를 만들어서라도 가겠다고 지인에게 전했다. 처음은 일이 목적이었지만 도피하고 싶은 마음이 더 컸다. 희망이 없는 한국에서 도피하는 게 맞다.

항공권 한 장과 큰 가방 하나를 들고 필리핀에 도착했다. 공항에서 시내로 들어가는 차 안에서 바라본 밖의 모습은 1950년대의 우리나라 모습과 발전한 지방 도시가 공존하는 듯했다. 언어도 하나도 안 된 낯선 나라로 던져진 나에게 호기심과 공포가 공존했다. 낡은 건물 창문에 널린 옷들만이 평화로워 보였다. 마닐라 길거리는 신발도 없이 다니는 빈민층 아이들이 보였다. 부자 동네의 여유로운 모습도 보인다. 나는 필리핀 음식을 잘 먹지 못했다. 바나나로 끼니를 해결할 때가 많다 보니 몸은 더 말라갔다. 다행히 과일을 좋아해서 망고 등 열대 과일을 마음껏 먹을 수 있었다. 일이 없을 때는, 아니 일에는 무관심했다고 해야 할 것 같다. 마닐라 카페에서 유튜브를 보며 외로움과 걱정에 하루 중 반나절을 산책하며 보냈고 이 생활을 반복했다. 책을 틈틈이 읽고 동기부여 동영상도 보며 지냈다. 이때가 나의 성장에 눈을 뜨는 시기였다. 이대로 주저앉을 수 없다는 간절함이 더 컸고 내 안에 잠자고 있는 작은 고양이를 불러 밖으로 나오게 하고 싶었다.

틈틈이 영어를 해보려고 시도도 많이 했다. 그곳은 인건비가 싸서 개인 비서를 고용할 수가 있었다. 나는 영어도 배울 겸 한 달 15만 원에 나를 봐줄 젊은 필리핀 여성을 소개 받고 고용했다. 어디서 이런 호사를 누릴까 싶었다. 택시를 예약하고, 차에 탈 때 가방을 들어주고, 문을 열어주고…. 나는 가난한 나라 왕비 놀이를 하고 있었다. 다행히도 그 친구가 한국어를 약간 했고 나의 서툰 영어도 찰떡같이 알아들었다.

내가 가져간 돈은 조금씩 줄어들고 최소한의 경비로 살았다. 앞이 캄캄한 미래는 어디로 가는지 모르고 있었다. 다양한 경험과 친구도 사귀며 보냈다. 루이스 L. 헤이의 『치유』라는 책이 내 마음속으로 들어온다. 가슴속 찡하게 큰 돌 하나가 가슴을 내리쳤다. 그때의 나는 그 무엇보다 나의 정체성을 알고 마음의 치유가 필요했다. 자신을 스스로 치유하기 시작했다.

이제까지의 삶은 남의 눈치를 보고 부모님이 바라는 삶을 사느라 내가 누구인지 모르며 작은 바람에도 이리저리 흔들리는 작은 배였다. 나는 다짐한다. 나를 찾고 나를 사랑하며 앞으로 살아가겠다고 말이다. 이런 내 생각으로 나의 자존감도 올라가고 내가 하고 싶은 것을 찾게 되는 길이 열리기 시작했다. 나의 주장을 조금씩 펴고 루이스L. 헤이의 『치유』에 나오는 확언인 "나를 있는 그대로 사랑해."를 외치며 스스로를 채워 가는 시간을 가졌다. 돈이 걱정되면서도 마음이 아주 편해진 것을 거울 속의 나를 보고 알았다. 얼굴도 점점 환해지고 신경질적인 표정이 조금씩 나아짐을 알고 모든 것은 내면에서 시작됨을 깨달았다.

일은 뒷전이고 같이 일한 친구의 초대로 필리핀 지방에 가기도 했다. 소매치기가 많아 항상 가방을 가슴에 안고 다녔다. 다른 문화를 보며 흥미진진했던 에피소드도 많았다. 이 친구들은 더운 나라의 특성인지 좀 게으르고 약속을 잘 안 지킨다. 시간 개념이 부족하고 일하다가도 갑자기 가 버린다. 결근하면 비가 와서, 부모님이 아파서 등 이유도 참 다양했다. 그저 나는 그들의 문화에 웃고 지나갔다.

필리핀에서의 나의 생활은 혼돈과 두려움 속에서 나를 찾는 여정의 첫걸음이었다. 왜 내게 이런 삶이 펼쳐졌는지, 왜 내 삶을 온전히 살지 못하고 마음속 목소리를 무시하고 지냈는지 나에게 의문을 던지는 날 공원 벤치에 앉아 가슴을 움켜쥐고 울었다. 눈물은 뺨을 타고 흘러내렸다. 누구도 내게 이리 살라 한 것이 아니었다. 내가 만든 인생을 돌아보았다. 평온한 마음을 가지고 스스로를 위로했다. 이런 나를 위로할 사람은 나밖에 없었다. 내 주변도 어찌 보면 다들 아픔을 안고 살고 있기 때문이다. 필리핀에 있는 동안은 나 이외 누구를 살필 여력이 못 되었다.

긴 터널속을 두려움을 안고 걸어 갔다. 미래가 보이지 않던 필리핀 생활이었다. 2년을 필리핀에서 보내며 사람 사는 구경 맘껏 하고 돈은 최대한 아껴 가며 삶이 펼쳐지는 대로 흘러가게 두었다. 1년 후 한인 미용실 원장님이 운영하시는 게스트하우스로 옮긴다. 나는 한국에서 가져온 화장품을 일하는 필리핀 여성들에게 그냥 주기도 했다. 냉정하지 못하고 정에 이끌려 주는 걸 좋아해서 그들도 내게 무척이나 잘했다. 나는 더는 필리핀에 머무를 수 없어 떠나기로 한다. 나의 첫 해외에서의 삶은 지금 생각해 보면 참 겁 없는 행동이었다. 용기가 어디서 나서 그랬는지는 모르지만 잘한 결정이라 생각된다. 원장님과 마지막 식사하고 필리핀의 추억을 뒤로한 채 비행기에 탄 나는 또 다른 꿈을 꾸었다.

겁 많고 두려움이 많아 아이가 캐나다 유학하고 있을 때도 아이를 보러 가지 못했던 나, 그러던 내가 40대 중반에 혼자 해외로 나갈 생각을 했었다. 나를 아는 지인들은 많이 놀랐다. 가더라도 곧 짐을 싸서 돌아올 거라고 했다. 2년을 버티고 처절하게 나를 바꿔 보려고 모험을 걸었다. 낯선 땅에 서로 다른 인종들과 어울리며 살았다. 즐거움과 놀라움의 연속이었다. 위험한 상황도 발생했으나 기가 막히게 피해 갔던 적도 많았다. 그곳에서 내 안의 나와 정면으로 마주할 수 있었고, 나를 치유할 수 있었던 시간을 통해 나를 찾을 수 있는 여행이 되어 주었다. 그때가 없으면 지금의 나도 없다. 내가 가고 싶고 하고 싶은 삶에 포커스를 맞추고 살고 싶었다. 굳게 마음먹었다. 우리가 생각했던 것처럼 남들은 내게 관심이 없다. 나만 신경 쓰고 살면 신기하고 재미있는 일이 나도 모르게 내 앞에 펼쳐짐을 알고 깜짝 놀랄 것이다.

 "나는 할 수 있어.", "모든 일이 점점 나아지고 있어."를 외치며 마음 근육이 점점 강해지는 내 모습에 찬사를 보냈다. 이제 어디든 갈 수 있다는 용기가 생기고 어디를 가든 일은 다 벌어진다고 생각하니 두려움도 왔다가 가 버렸다. 내가 두렵고 힘들 때는 내 주변도 그런 상황이 펼쳐짐을 알고, 그것은 내 안의 마음이 투사된 게 틀림없었다. 필리핀에서의 생활이 인생 후반부의 새로운 출발점이 된 것에 감사하게 생각하고 있다. 마음먹은 것은 실행하고 보자고 했다. 그냥 시작했다. 고통이 두려워 시도도 못 하고 움츠렸다면 내게 일어난 어마어마한 일들은 일어나지 않았을 것이다. 지금도 뭔가 새로운 것을 할 때면 힘들다. 그러나 고통 뒤에는 경험이라는 선물을 안겨 준다. 실패는 시작을 알리는 신호다. 당신에게도 이 신호가 있다면 시작점이라는 걸 알기 바란다. 얼마나 좋은 일이 일어나려고 이런 실패가 왔나 생각하고 다시 시작하라.

03

해답은 고통 속에 있다

평범하게 살고 있던 내게 고통과 아픔이 없더라면 사는 대로 살았을 것이다. 인생에는 누구에게나 스토리가 있듯이 평범하던 내가 그토록 처절하게 살게 했던 것은 무엇이었을까? 다람쥐 쳇바퀴 돌듯이 가는 삶속에 아무 일도 없었을까? 한참 돈이 잘 벌릴 때는 마음과 몸이 둥둥 떠다니는 듯했다. 자고 일어나면 현금이 통장 속에 차곡차곡 모였다. 아이는 캐나다 유학을 보낼 여유도 있고 세상 다 가진 기분이었다. 돈에 여유가 있을 때는 영원할 것으로 생각했다.

내게 닥쳐올 시련을 모른 채 살림만 하고 살았던 날, 점차 검은 그림자가 내게 다가오고 있었다. 사업 신기술 업그레이드 비용으로 많은 돈을 투자했다. 남편의 사업은 무리한 투자가 파산으로 가는 지름길이라는 걸 알았을 때는 이미 늦었다. 모든 걸 비우고 정리를 하고 나서 병이 찾아오고 또 다른 시련이 닥쳤다.

무작정 떠난 필리핀에서의 생활을 정리하고 한국에 들어온 나는 할 일이 없었다. 아니 밖으로 나가기가 두려웠다. 집에서 책을 읽으며 독서 모임을 다녔다. 그곳에서 나는 또 다른 가능성을 보았다. 토론하며 꿈을 꾸기 시작한 것이다. 여러 작가의 세미나도 참석했다. 그곳에서 사람들과도 교류하며 나의 상처도 위로 받는 듯했다.

부를 쌓고 사는 것도 중요하지만 내 안에 기거하는 또 다른 나를 관찰하기 시작했다. 수많은 책을 읽고도 해답을 얻기가 힘들었다. 왜 나는 주변 사람들 속에서 두려워 벌벌 떨까? 왜 매일 나는 누군가와 비교하며 괴로워할까? 그것은 내 안에 어렸을 때부터 무의식적으로 차곡차곡 주변의 관념들을 쌓고 살아왔기 때문이다. 이 얼마나 멍청하고 바보 같은 짓인가? 남들이 나를 어떻게 볼까에 초점을 맞추고 살았으니 따라오는 오해에 사람과의 관계도 너무 힘들었다. 내 주장도 못 펴고 내 잘못으로 몰아가는 고통 속에 던진 것이다. 고통이 오면 다 끌어안고 가는 삶이 온전했겠나? 그 고통은 내 앞에 고스란히 펼쳐졌다. 모든 것이 있는 그대로 말이다. 끔찍이도 피하고 싶었던 고통을 필리핀까지 가져간 삶이 물건이라면 부숴 버리고 싶었다.

이 고통 속에서 나를 일으켜 세운 건 "나를 있는 그대로 사랑하라."는 확언이다. 나를 사랑하지 않는 삶에서 누구를 사랑하며 살 것인가? 내 안에 내가 만든 고통과 두려움이었다. 가장 위로하고 사랑해 줄 사람을 밖에서 찾아 헤맸다. 사랑을 구걸한 것이나 마찬가지다. 참으로 애처로운 일이다. 내게 닥친 시련과 아픔은 나를 찾는 기회를 주고 용기도 주었다. 그때는 누군가 내게 던진 말에도 쉽게 상처를 받고 자신을 못살게 굴었다. 불쌍한 내게 말이다. 밤을 새우며 고민한 흔적들은 혼자 드라마를 썼다.

나는 학창 시절 눈에 띄지 않는 온순한 학생이었다. 내면의 아이는 항상 떨고 있었다. 무엇이 나를 제대로 주장 한 번 펼쳐 보지 못하게 만들고 두려움에 움츠러들게 했을까? 누군가 내 목소리를 들어 줄 사람이 없었던 것 같다. 내 고통이 나 좀 알아 달라고 염증이 되어 나타난 것이다. 참으로 다행이다. 이 고통을 겪어 줘야 참된 나로 가는 길 위에 있는 것이다. 누구든 크고 작고 고통과 두려움이 트라우마가 되어 아직도 가슴속에 남아 있을 것이다. 말을 안 할 뿐이다. 다 안고 가거나 죽음이 임박해서야 풀어 놓고 가기도 한다.

고통의 가시가 얼마나 불편했을까? 조금만 건드려도 아프고 화나서 우리는 반응을 보인다. 지금도 어디에서 고통을 겪고 있는 사람들을 보면 나를 보는 듯해 가슴이 아프다. 이 고통과 걱정은 몸까지 병들게 하기 때문이다. 가만히 보라. 주변에 아픈 사람들은 그 전에 스토리가 있었을 것이다. 본인이 만든 가시에 상처를 입은 것이다. 참 안타까운 일이나 나의 경험으로 보아 고통도 몸소 겪고 나서 그게 가짜라는 걸 알게 될 것이다. 조금만 일찍 알았더라면 하지만 딱 그때 나타나 깨우치게 하는 것이 우주의 원리 아닌가 싶다. 아픈 사람 옆에는 아픈 사람이 있고 병도 전염되는 게 맞는 듯하다. 우울한 사람 옆에 있으면 같이 우울해지기도 한다.

나는 마음 공부를 하며 책의 내용을 실천하려고 많이 노력했다. 마이클 싱어의『될 일은 된다』는 내게 많은 것을 깨닫게 해 주었다. 인생은 내가 원하는 대로 안 간다는 것이다. 무슨 일이 일어나든 수용하고 내려놓는 삶이 힘들지 않고 가는 삶이라고 말한다. 내가 힘을 주고 저항할수록 더 늪으로 빠졌던 것 같다. 하루에도 걱정거리를 생각하자면 셀 수도 없이 많다. 지나고 보면 우리는 아무것도 아닌 것을 걱정했음을 안다. 우리는 이렇게 길들었다. 그렇게 계속 시스템화되어 돌고 있다.

나는 사람을 만나기 전 무척 긴장하고는 했다. 마음속에 무엇이 있어 그럴까? 생각해 보니 실수에 대한 두려움과 인정받고자 하는 욕구가 있던 것이다. 만나고 돌아오는 길에 작은 불안이 도사린다. 상대는 정작 아무 생각이 없는데 말이다. 나는 나를 사랑하기를 연습하고 조금 덜 걱정하는 사람이 되었다. 어찌 보면 작은 실수에도 가장 관대해야 할 내게 가장 못되게 군 것이다. 어처구니없는 일이다. 우리는 사랑받을 자격이 있고 누구도 그럴 자격이 있다. 고통은 자기 자신밖에 줄 사람이 없다는 걸 알아야 한다.

밖에서 찾아 헤매느라 오랜 시간을 돌고 돌아 왔다. 내게 주어진 많은 경험은 그것이 고통일지라도 내 삶의 방향을 알려 주었다. 치유 과정을 겪으면 마음에 평온함을 가져다주었다. 경험으로 겪은 고통은 삶의 행복 요소이다. 왜냐하면 이 또한 지나가고 내가 만든 이야기이기 때문이다. 잠재의식 속 숨어 있는 오류가 작동된 것이다. 나를 표현하고 사랑으로 살면 그냥 지나간다. 거센 고통일지라도 그냥 지켜보아라.

우리가 본인에게 박힌 가시도 빼지 못하고 상대의 가시를 어찌 보고 위로할 수 있겠는가? 당당하게 고통에 맞서 마주함은 어떤가? 나는 50 대인 지금도 많은 도전을 꿈꾸고 있다. 고통이 따른다는 걸 알고 있다. 그러나 지나온 고통은 경험을 주는 선물이다. 두려워 말고 가고 싶은 곳에 가고 만나고 싶은 사람을 만나 고백해 보자. 내일이면 늦다. 이어령 교수가 "젊은 사람은 언젠가 늙고, 늙은 사람은 언젠가 죽는다."라고 말했다. 오늘내일 우리에게 어떤 상황이 벌어질지 모른다. 그래서 하루가 소중하다. 내게 온 사람이 소중하다. 나중에 하려면 상대는 기다려 주지 않는다. 얼룩진 삶도 표백제를 넣어 깨끗하게 표백해 보기로 하자. 내가 만든 거라 가능하다. 우리는 가짜 고통에 속고 살고 있었다. 자신이 지어낸 이야기를 당장 멈추어라.

　내가 보는 관점을 조금만 열어 두고 보면 상대의 화풀이도 내가 덥석 받지 않아도 된다. 받을지는 내가 선택한다. 자신을 바로 보고 위로해 주고 사랑해 준다면 고통 속에 분명 답은 있다. 그 답을 안다면 우리는 평온하게 삶을 살 수가 있다. 문제도 문제로 보지 않고 마음이 차분해지면 그 해답 또한 이미 내 앞에 있다. 고통은 그냥 흐르게 두어라. 이 나이 되고 보니 몰라서 고통을 끌어안고 살았다. 움직이면 아프다. 누가 알면 더 아프다. 그러나 남은 당신에게 그리 관심이 없다는 걸 알아야 한다. 과정 속의 고통은 우리를 성장시킨다. 고통이 흐르게 두어라.

04

인생에 찾아온 위기는 기회이다

내 안에 숨어서 두려워 떨고 있는 내면의 아이가 고통과 함께 수면 위로 떠오른다. 염증이 되어 피부를 뚫고 나온다. 치료가 필요한 상태이다. 아픈 걸 아프다고 말하지 못하고 겁에 질려 있다. 어두컴컴한 구석에서 누가 뭐라 하면 아무런 저항도 못 하고 겨우 벽에 기대어 고개를 숙인 내면의 아이였다. 그러나 지금은 용기를 내 그림도 그리고 영국에서 플라워 학교도 다녔다. 내 안에 거대한 거인이 살고 있었던 게 맞다.

멀리 낯선 외국에서 떨어져 지내며 내가 보이기 시작했다. 나는 결정 장애도 앓고 있었다. 무엇을 선택하는 데서 바로 선택을 하지 못했다. 누군가의 조언과 내 생각은 무시하고 자발적인 행동에 두려움이 있었다. 이 행동은 자신을 사랑하지 않는 행동이었다. 부모님 말씀에 어긋나지 않게 하려고 노력도 많이 했다. 성인이 되어서는 부작용으로 어설픈 선택이 아픔과 손해도 안겨 주었다. 8년간 해외 생활을 하면서 내가 좋아하는 것들도 알게 되었고 당당하게 내 가치도 정하게 되었다. 그건 고통 뒤의 귀한 가치였다. 고통을 겪고 찾아온 보석 같은 선물이다.

폴란드에서 일할 때 첫 번째 회사가 코로나로 사업을 접게 되어 나는 귀국이 결정되었다. 나는 더 있기를 원했으나 2년은 있게 되어서 그래도 감사하게 생각했다. 그런데 마무리를 하고 있는데 현지에서 사업을 하시는 보스가 나에게 일을 도와 달라고 요청했다. 나는 신중히 생각한 끝에 서로의 의견을 몇 번 주고받고 흔쾌히 결정했다. 위기 뒤에 온 기회이다.

두 번째로 일할 곳에서 보스와 임금 협상을 하는 나는 예전의 내가 아니었다. 나의 몸값은 내가 정하기로 했다. 그동안의 경력도 있고 자신감 있게 해 보고 싶었다. 임금은 3개월 후 매출을 보고 정하자고 제의했다. 도시락 사업에서 식단을 관리해 주고 우크라이나 여자들과 일하기로 계약했다. 처음에는 힘이 들었다. 말도 안 통하고 그 속에서 작은 내분까지 일어났다. 일을 하는 중에 우크라이나에서 전쟁이 일어나 그녀들은 실시간 유튜브와 뉴스를 보며 울며 일했다. 참으로 안타까운 일이었다. 도시락 사업에서의 다양한 시도는 꽤 인기가 있어 감사했다. 그녀들이 없었다면 불가능한 일이었다.

약속한 임금 협상 날, 보스와 나는 사무실에 마주 앉았다. 나는 그의 눈빛을 보고 내가 원하는 방향으로 끌고 갈 수 있겠다는 걸 직감했다. 희망하는 임금에 가깝게 되었다. 만족한 보수를 받고 일을 할 수 있었다. 당당한 나를 보았다. 불안과 두려움은 나를 사랑하지 않는 데서 원인을 찾았다. 나를 사랑하는 시간을 계속 가지면서 자존감이 높아지기 시작했다. 내 안의 거인을 꺼내고 있었다. 세계 여러 나라 음식의 요리법을 뒤지고 다양화함에 따라 고객으로부터 감사하다는 말도 수없이 들었다. 고개 숙인 자신감 없는 내면의 아이를 계속 가지고 있었다면 나의 가치를 끌어내지 못했을 것이다. 일하면서 과감하게 새로운 시도를 많이 하고 그곳에서 함께 일한 우크라이나 여성들은 까다로운 나 때문에 많은 것을 배울 수 있었다. 지금도 큰 보람으로 생각된다.

어느 정도 마음도 평온하게 되어 폴란드의 생활은 내게 축복을 주었다. 주말이면 주변 산책을 다니며 책도 읽고 갤러리도 다니며 맛있는 음식 먹으며 힐링의 시간을 가졌다. 유럽을 여행할 기회도 주어졌다. 주변의 많은 사람에게 사랑을 넘치도록 받았다. 내가 폴란드에 도착하고 한 달 후 폴란드 친구와 프라하 버스 여행을 가기로 약속했다. 폴란드에서 버스로 5시간 거리여서 버스를 타고 갔다. 프라하 거리에서 본 예쁜 빨간 지붕의 집들이 인상적이었다. 비 오는 프라하 거리를 걸으며 길을 헤매고 서로 웃고 길거리 피자를 사 먹었는데 꿀맛이라 잊을 수 없다. 여행 중 위기 속에 흐르는 찬란한 빛을 보았다.

그림이 너무 배우고 싶어 폴란드 아카데미에 문의했으나 절차가 복잡했다. 내가 직접 그려 보기로 했다. 아크릴 물감을 써 보질 않아서 사는데 난감해 하고 있는데 익숙하게 물감을 담고 있는 노란 머리 여자를 보게 되었다. 나는 이 여인이 그림 그리는 사람이라 생각되어 도움을 요청했다. 친절하게 영어로 설명을 해 주었다. 간절함이 통했을까? 바로 그림을 그리시냐고 물었더니, 자기는 우크라이나에서 미술을 가르치는 선생이라고 했다. 나는 이 여인과 뭔가 연결되는 느낌이 왔다. 수업을 받을 수 없냐고 제의했다. 그녀는 흔쾌히 그래 주겠다며 일주일에 하루 3시간 개인 지도를 해 주기로 했다. 그렇게 배우고 싶어 간절했는데 내 앞에 딱 나타난 것이다. 시각화했던 모습대로 그림도 배운다. 가슴이 떨렸다. 세상이 나를 중심으로 돌아갔다.

나는 해외를 돌며 도저히 일어나기 힘든 일들이 내게 일어나서 깜짝 놀랐다. 나는 데생 수업부터 받으며 그림에 푹 빠져 여가를 보냈다. 나는 우연히 빨간 지붕의 폴란드에 가게 되었고, 그곳에서 유년시절 배우지 못한 그림을 배운다. 그림 중에 해바라기 그림을 많이 그렸다. 해바라기 사진도 내 시각화에 있는 것이다. 화가가 내게 가르친 것은 해바라기 그림이었다. 온몸에 전율이 흐른다. 해바라기 그림을 내가 원해서 레슨 받은 게 아니다. 이것을 어떻게 설명한단 말인가. 폴란드에서 코로나를 겪으며 다시 돌아갈 뻔한 위기를 넘기고 시각화한 그림을 그릴 기회가 왔다.

가고 싶은 곳을 설정할 때 생각 없이 한 빨간 벽돌집 그림이 폴란드라는 나라고 그림도 해바라기 그림이다. 나는 이걸 보고 소름이 끼치도록 가슴이 뛰었다. 꿈을 꾸고 잊은 듯 살다 나중에 보면 그곳에 와 있다. 어떻게 이게 우연의 일치라 할 수 있단 말인가? 벤저민 작가는 미래의 자신에게 "원하는 것이 이미 당신 것이라고 받아들여라."라고 했다. 내가 간절히 원하고 이미 되었다고 받아들인 것이다. 펼쳐진 대로 따라갔다고 할 수도 있다. 예전에 책을 수없이 읽으며 이런 글이 나오면 믿지도 않고 '정말 그럴까?'라고 의심할 때가 있었다. 내 앞에 닥친 간절함과 힘든 시간을 보내며 잠재의식에 끊임없이 주입한 것이 현실이 되었다. 이미 내 마음속에는 어떤 것에도 흔들림 없는 신념이 자리 잡고 용기라는 도구가 있어 밀고 나갔다. 위기가 올 때마다 기회도 같이 왔다.

마음속 희망을 상상하고 행동하면 어느 날 갑자기 우리 앞에 나타난다. 따지지 말고 믿어라. 우리에게 위기가 와도 믿고 계속 가라. 위기는 언제나 올 수 있다. 다른 기회를 주려는 것이다. 무의식 중에라도 꿈에 관련된 것을 하게 되고 끌어당기는 것이 된다. 행동으로 옮기는 자만이 얻을 수가 있다. 고비마다 오는 위기는 또 다른 기회로 온다. 당신의 인생은 위기를 넘어 생각대로 틀림없이 간다. 나는 지금 나의 사무실에서 폴란드에서 그렸던 그림을 보고 있다. 그림을 배우기 위해 위기 속 또 다른 기회가 펼쳐진 것에 감탄이 나온다.

05

있는 그대로 나를 사랑하라

우리는 누구나 혼자이고, 주변에 누군가 있어도 외로운 건 마찬가지이다. 누군가와 관계를 맺으려고 처절하게 애를 쓰며 살아왔다. 나 또한 애처로울 만큼 관계에 집착했다. 조금의 말실수가 큰 오해의 덩어리가 되어 공격 받기도 하고 나의 질투와 고집이 상대를 힘들게 하기도 했으니, 참 피곤하게 살았다. 관계에 시간을 소비하며 산 것이다.

주변에서 던지는 소음은 이루 말할 수 없이 많다. 잠재의식 속의 쓰레기를 여과 없이 내보내고 상대는 그 쓰레기를 받아 처리하거나 안고 가야 한다는 말이다. 나는 마음이 여려 누군가의 작은 말 한마디에도 걱정과 버림받을까 두려운 마음으로 살았다. 자존감은 낮은 상태로 살았다. 사람들과의 관계도 나중에는 많은 피로감으로 남았다. 그 순간을 진정 즐기지 못한 거다. 과거에 갇혀 있기 때문이다.

우리는 부모가 하라는 대로 많은 통제를 받고 자란 탓에 커 가면서 의심도 많이 하고 부정적 트라우마에 갇혀 살게 되었다. 주변 들러리로 사는 인생이 되어 하루도 많은 피로감으로 살고 있다. 뒤를 쫓는 자를 쫓고 사는 모습이다. 나 또한 부모님의 영향이 컸다. 하지 말라는 게 특히 많았다. 성인이 된 지금도 새로운 것에 대한 시작이 무척이나 힘들다. 무조건 하지 말라는 말은 참 무서운 말인데 이 말을 우리는 주변 지인에게도 여과 없이 해버린다. 내가 처음 폴란드에 간다고 할 때 부정적 언어를 쏟아부었다. 나는 강하게 무시하고 가 버렸다. 나는 지금도 누군가가 "해외에서 어땠어요?"라고 묻는다면 많은 경험이 주는 가치는 높다고 도전하라고 말한다. 그 경험이 좋든 나쁘든 우리에게 일어나는 일은 다양하게 일어난다.

사실 우리는 무언가를 하려 할 때 실패에 대한 두려움을 먼저 생각한다. 나 또한 온실 속에서 아무 일 없이 자라길 바라는 부모 밑에 자란 탓에 많은 경험을 과감히 하지는 못했다. 시간이 흘러 고통이 왔기 때문에 나를 똑바로 관찰할 기회가 온 거다. 아픈 나의 내면을 마주하고 거울 속의 내 얼굴이 괴물로 변하는 걸 보았다. 많은 눈물과 콧물이 범벅이 되어 공포에 떠는 나를 본 거다. 그 떠는 자를 지금까지 한 번도 봐주지 않았으니 얼마나 외로웠을까? 생각하며 그날 눈물을 펑펑 쏟았다. 철저히 외면하고 살았다. 한참을 거울 속의 나를 주시하며 시간이 흐르고 내 얼굴을 보았다. 아기같이 선하고 부드러운 모습을 하고 있었다. 거울에 비친 얼굴은 평온함 속에 잔잔한 미소를 짓고 있었다. 소녀 같았다.

다시 태어난 나는 예전의 내가 아니었다. 바쁜 일상에서도 느림을 배웠고 내 앞에 펼쳐진 운명을 저항 없이 받아들이기로 했다. 있는 그대로 나를 바라보고 인정하기로 했다. 전보다 사람들과의 관계도 매우 여유로 워졌고 관계를 위해 애쓰지 않았다. 나와의 인연에 감사하며 흘러가는 인연은 흘러가게 했다. 잠시 멈춰 생각하니 문제가 된 것도 알아서 풀리고 내 것이라면 시간 되면 오리라는 여유와 평온이 자리 잡았다.

나는 꾸미고 예쁜 것에 관심이 많았다. 성인이 되어 옷은 극에 달할 만큼 좋아했다. 내면을 가꾸기보다 외부의 내 모습에 신경을 쓰고 그것을 사기 위해 돈을 벌고 사는 생활이었다. 외부 모습에 신경을 쓴 삶은 나의 정체성에 혼란을 느끼게 했다. 많은 불안과 좌절만 주었다. 해외에서 생활하면서 실천한 한 가지는 단순한 라이프 선언이다. 이동하면서 많은 짐을 버리며 깨닫게 되었다. 물건은 최소한으로 소유하고 살기로 다짐했다. 한국 들어와서 가지고 있는 물건부터 정리하기 시작했다. 그동안 불안한 내면의 자아는 많은 물건에 집착했다. 내려놓기로 했다. 그러고 나니 마음도 아주 가벼워지고 모든 게 나의 중심이 되었다. 사랑하는 마음으로 물건을 보니 갖고 싶은 것만 남게 되어 매우 만족한 삶이다. 내게 설렘을 주는 것만 사고 싶다. 예전 같으면 보이는 대로 사고 또 비슷한 것들을 샀을 것이다. 이렇게 해서 나의 소비문화는 확 바뀌어 다른 사람들이 고가의 옷을 입었건 큰 관심도 없으며 질투도 사라졌다. 꾸미지 않고도 있는 그대로 나를 사랑하기로 했다.

많이 가지고 있고 더 사려고 하고 이런 삶은 남에게 하나라도 과시하고 싶은 것이었다. 남에게 시선을 둔 삶에서 벗어나고 싶었다. 자연스러운 연출이 좋은 것이다. 젊음은 티셔츠 하나에도 풋풋하고 이쁘고, 늙음은 그 자체로도 연륜이 주는 고상함이 있다. 지금 나대로 살기로 한 뒤로 물질적으로 풍족했을 때보다 마음은 더 평화로워졌다. 있는 것에 더 사랑을 가지고 소중함을 담는다.

거울을 보며 미소를 지어 본다. 내 얼굴도 수시로 변해 간다. 이 또한 감사히 받아들이게 되고 젊게 보이려 애쓰지 않아도 좋다. 자기 모습을 사랑하게 되면 광고에 젊어진다고 유혹하는 상품에도 눈길 한 번 주지 않게 된다. 조금 더 이뻐지고 젊어지면 어찌할 건가? 그 또한 흘러가는데 말이다. 우리가 모두 자신을 사랑하게 되면 젊고 건강하게 살 수 있다고 장담한다. 내가 그랬다. 건강식품에 관심이 많아 이것저것 먹고, 다 먹기도 전에 집안 구석에 두었다 버리기도 했다. 건강 서적 몇 권을 읽고 모든 약과 병원은 멀리하고 살아야 함을 알게 되었다. 자주 먹었던 진통제도 이제는 먹지 않는다. 오히려 더 건강하고 어디든 다닐 수 있는 가뿐한 몸이 되었다.

모든 병은 마음에서 온 게 확실하다. 우리가 극도로 스트레스를 받고 사람들과 문제가 발생하거나 지나친 걱정을 할 때 몸이 병들어 간다. 나는 지금 긍정 확언을 하며 부정적인 생각은 그 자리에서 알아차리고 버린다. 이것이 몸을 파고들어 병들게 하기 때문이다. 어떤 일이든 무리하게 진행하지 말아야 한다. 세상의 중심은 우리 자신이다. 있는 그대로 우리자신을 본다면 얼마나 자연스러운가? 너무 과도하게 포장된 모습을 보이면 그다음에는 더한 모습을 보여 주어야 한다. 누구를 위한 모습인가?

나는 지금은 아프면 아프다고 말하고 좋으면 좋다고 솔직한 감정을 그대로 표현한다. 그래서 편하고 나의 속살 같은 마음이 보이더라도 좋다. 왜냐하면 누군가도 알아야 나를 봐 줄 것 아닌가. 좀 실수하면 어떤가. 있는 그대로 삶이 편하고 무언가 할 수 있는 용기를 주는 삶이 된다. 있는 그대로 자신을 사랑하면 많은 기적이 생긴다. 그 사랑은 타인에게도 나눌 수 있다. 자기 사랑은 기적 같은 삶이 된다. 나는 많은 경험을 통해 이미 많은 축복을 받았다. 당신에게도 기적 같은 일이 일어난다고 장담한다. 있는 그대로 자신을 매일 사랑해 보라.

06

매일 블로그를 쓰면 기적이 일어난다

나는 매일 아침 하는 일들이 있다. 일어나자마자 침대 정리를 한다. 냉장고에서 레몬을 띄운 물 한 잔을 마신다. 평소 물을 잘 마시지 않는 편이라 아침에 장운동에 너무 좋다. 그다음 감사 일기를 쓴다. 전날 감사한 일들 10가지를 쓴다. 이것을 쓴 뒤로 하루를 더 긍정적으로 살게 되어 아마도 목숨이 다하는 날까지 쓰게 될 거 같다. 이 습관들은 자동 시스템화되어 여행 중에도 계속된다. 여행 중 감사 일기나 기록은 스마트폰에 남기기도 한다. 다음에는 책을 30분 정도 읽는다.

아침에 외출하거나 급한 일 빼고는 블로그를 작성한다. 내용은 로즈의 위대한 일상으로, 블로그에 잔잔한 일상과 책 내용과 주제별 글도 올린다. 한국에 온 이래로 거의 하루도 빠지지 않고 글을 올렸다. 글쓰기 습관을 들이기 위해 나와의 결투가 시작되었다. 독서 카페에 가서 노트북을 켜고 글도 써 보았다. 바로 실행하지 않으면 그냥 지나쳐 버린다. 변화하려는 나의 강력한 행동이다. 그 속에 던졌다.

글을 쓰기 위해 노트북을 아들에게 추천해 달라고 부탁했다. 의지가 불타오르고 기능을 습득한 다음 막상 노트북을 열어 보니 첩첩산중이었다. 매일 글을 쓰기 시작했다. 글씨 쓰는 것에 제법 속도가 붙었다. 우여곡절 끝에 블로그를 만들고 글을 쓰게 되었다. 일상에 주제를 적어 두기도 한다. 열심히 한 결과 나의 블로그에도 방문자 수가 점점 늘기 시작했다. 신기하여 매일매일 체크하게 되었다. 나도 할 수 있다는 자부심이 올라오기 시작한다. 행동은 언제나 창조물을 주었다.

2년간 2시간씩 글쓰기와 책 읽기를 꾸준히 해보기로 나와 약속했다. 바로 실행했을 뿐이다. 성공한 자들이 반복하여 말한 것은 '누구도 할 수 있다'는 진리다. 나는 무엇이든 시작하면 꾸준하게 하는 경향이 있다. 매일 책 읽기와 블로그 글쓰기는 내게 많은 것을 안겨 주었다. 백지에 글을 쓰기 시작하면 생각은 많은데 정리가 안 되어 펜을 놓아 버리기 일쑤였다. 그러나 내가 지금 글을 쓰고 있다. 책 한 권 내는 게 버킷리스트에 있다. 그 생각은 실행하게 만든다. 블로그는 누구나 할 수 있는 것이다. 특정 사람들만의 전유물이 아니다. 소통의 장소이기도 하다.

매일 조금씩 나의 이야기를 담다 보면 누군가는 글에 공감하고 친구가 될 수 있다. 기록을 남기면 삶을 돌아볼 수 있다. 나를 찾아가는 여정이기도 하다. 처음에는 블로그 글도 무엇을 적을지 막막하였다. 나의 첫 블로그는 후배와 함께 간 멋진 브런치 카페에서 시작되었다. 블로그 글에 올리면 어떨까 싶어 후배를 졸라 당장 그 자리에서 만들었다. 지금 보니 참 어설펐다. 사진도 어설프기 짝이 없다. 그냥 점을 찍은 것에 불과하다. 그러나 계속되었다.

어떤 것을 하든 실행하지 못한다면 후회가 많이 남는다. 처음은 형편없고 어설프다. 예전보다 시작을 잘하고 꾸준하게 하게 되었다. 블로그 글도 다양한 주제를 정하여 쓰기도 한다. 책 속 저자 글을 읽고 의견을 적기도 한다. 책을 읽기만 한다면 기억에서 사라진다.

나의 블로그는 일상을 글로 쓰지만, 플라워 수업도 공개해 두어 사진과 글을 올린다. 시작은 미약하나 점점 나아지고 있는 나의 모습에 용기도 내본다. 블로그 활동을 하다 보면 어떤 글에 따라, 방문자 수에 따라 사람들의 생각을 읽게 된다. 음식점과 건강에 관한 이야기를 올린 글은 인기가 많다. 건강은 관심이 많은 분야이다. 건강 책자를 10권 읽고 정말 많은 걸 깨달았다. 제약회사가 당신의 주머니를 털고 있다는 내용의 글에 많은 방문자가 다녀갔다. 건강에 관련된 음식과 실천을 글로 옮기며 건강도 점검하는 계기가 되고, 블로그 활동은 많은 장점을 주었다. 꾸준히 꿈을 좇아서 시작한 것이 여기까지 오게 되었다.

　당장 여러분도 블로그를 시작해 보라. 그리고 매일 책을 읽어 보아라, 얼마 후 변한 자기 모습을 느낄 것이다. 작은 시작으로 인해 내일 어떤 일이 일어날지 아무도 모른다. 작은 주변의 이야기를 올려 보라. 나만 보아도 괜찮다. 거짓 없이 진정성 있는 글은 나중에 큰 씨앗이 되고 자신에게 싹이 되어 돌아올 수도 있다. 운동선수들의 인터뷰에도 나오지 않는가. 연습과 반복뿐이라고 말이다. 별거 없이 무한 반복을 한 것이다. 처음에는 방문자 없이 나 혼자 쓰고 나만 들락거렸다.

　매일 반복된 글쓰기 일상은 내가 사는 의미를 주기도 했다. 해외에서 올해 4월 도착하여 잠깐 시차도 겪으며 갑자기 불안감이 살짝 밀려오기도 했다. 나는 8년간 바깥세상에서 마음의 여유를 찾고 평온하게 지냈다. 갑자기 환경이 바뀌니 혼란이 오기도 했다. 한국에 도착해서 일 없이 집에서 지내며 두려움을 극복하기 위해 책을 읽고 블로그도 쓰며 보냈다. 갤러리에 가 보기도 하고 그림도 그리며 다소 차분하게 보냈다. 가끔 지인들과의 만남은 적응이 안 되기도 했다. 폴란드에 있는 동안은 그 나라 사람들과 약속하면 여유를 두고 만났다. 나는 이런 여유가 좋았다. 길거리의 사람들도 평화롭게 걷고 있었다. 해외에 살면서 경험과 여유가 주는 행복을 기억하며 글로 옮겨 보았다.

글을 쓰게 된 것은 내 인생의 새로운 전환점을 가지게 되었다. 생각을 정리해 보면서 인생이 가는 대로 살기보다는 생각대로 살아감을 알게 되었다. 메모하는 습관도 생겼다. 블로그는 나의 놀이터이기도 하다. 처음에는 겁이 나기도 했다. 모르는 사람이 내 글을 보고 공격을 하면 어쩌지? 그것은 괜한 걱정인 것을 알게 되었고 배운 걸 아웃풋하는 좋은 장소이다. 누구든 시작할 수 있다. 글을 잘 못 써도 된다. 조금씩 늘어 가는 재미를 만끽할 수 있다. 아침이면 매일 글을 써서 올리는데 하루라도 빠지면 이상할 정도가 되었다. 외출할 때도 이동 중 전철 안에서 핸드폰으로 글을 적어 내려간다. 습관이 무섭다.

무엇이든 시도하고 한번 해 보자는 호기심은 끝이 없다. 계속 하다 보면 기술이 생기고 조금 다듬어진 멋진 모습에 미소가 번진다. 우리는 앞으로 플랫폼 없이는 사는 데 불편하고 힘든 시대에 접어들었다. 두려워 말고 조금씩 습득하여 젊은 세대와 소통을 해 보라. 벌어진 격차에 사건 사고도 잦고 너무 빠른 시대의 흐름이 앞에 놓여 있다. 즐기면서 배우면서 누구든 할 수 있다고 본다. 우선 블로그부터 개설하고 작은 이야기를 글로 써 보아라.

07

있는 그대로 자신을 믿어라

나는 오랜 시간 가슴속 깊은 곳에 혼자만의 불안과 두려움을 안고 살았다. 왜 그렇게 살았는지 모른다. 내 안의 자아는 항상 좋은 것, 올바른 걸 보여주려는 강박관념에 살았다. 나에게 문제가 일어나면 뭐든 내 탓이고 남 앞에 나서는 게 무척이나 힘들었다. 주변을 너무 의식하며 살다 보니 얼굴은 항상 웃고 있지만 속은 딴판이었다. 생각들은 판단력을 흐리게 해서 잘못된 선택에 괴로워했다. 요구할 줄 모르는 자신이 되어 갔다. 큰딸로서의 무게감도 나의 두 어깨를 짓눌렀다.

어디를 가든 내가 없고 앞서가는 사람들의 들러리가 되었다. 그때는 탈출구를 생각하지 못했다. 내가 원하는 것은 무엇이지? 나는 누구지? 시련과 아픔이 왔을 때 나를 보게 되었다. 내가 원하는 삶은 무엇이었나? 나는 무엇을 위해 그렇게 달려오고 집착하는 삶을 산 것이란 말인가? 마음을 바라보면서부터 운명같이 온 루이스 L. 헤이의 『치유』를 읽게 되었다. 눈물 범벅이 되어 가슴을 움켜쥐고 대성통곡했다. 거대한 댐이 터져버린 것이다. 내 안에 폭풍이 지나간 자리에 고요가 밀려왔다. 당신도 맘껏 울어 보아라. 울고 난 자리에 있고 싶을 것이다.

처절하게 내 안의 나를 외면하고 산 삶, 내 안의 소리를 무시하고 살았던 지난날들에 정신이 바짝 들면서 잠재의식 속에 있는 나의 부정적 언어부터 떨어져 나가게 해야 했다. 너무도 단단히 붙은 부정적인 생각은 한꺼번에 제거가 되지 않았다.

자신감도 자신을 사랑하지 않는 마음에서 나온다. 내 안의 가시를 그대로 둔 채 살아간다. 내 인생을 누가 볼까 두려워하고 철저하게 가면을 쓰고 있던 내 안의 자아, 왜 그렇게 바보같이 살았는지 많은 생각이 맴돌았다. 내 마음의 한계를 그어 아무것도 못 하게 가둬 두었다. 책을 읽으며 세미나도 다니고 책 속의 저자를 만나며 벗어나고 싶었다. 명상하며 내 안의 마음을 들여다본다. 거울 속의 내 얼굴은 점점 온화하게 변해 갔다. 왜 내가 병에 걸리고 밖에서 사랑을 갈구하게 되었는지 깨닫게 되었다.

그동안 나를 바라보지 않는 삶에서 내면을 집중적으로 탐구하기로 했다. 매일 있는 그대로 나를 사랑한다고 외친다면 사람들과의 관계도 애쓸 필요가 없다. 신기하게 마음도 편하고 외부로부터의 집착을 내려놓기가 쉬워진다. 나로 살기로 하니 모든 걸 대하는 나의 마음은 평온하고 진정성 있었다. 마음이 가벼워짐을 알게 되었다. 주변도 의식하지 않고 살려고 한다. 내가 아닌 모습으로 있을 때 많은 것을 포장해야 했다. 마음에 숨은 아픈 가시도 뽑아버리기로 했다. 뽑은 자리에 사랑의 연고를 바른다. 이런 나의 변화를 믿기로 했다. 있는 그대로 나를 믿으면서 많은 변화가 계속되었다.

어제의 나는 나인가? 아니다. 새로운 나다. 나를 어제의 나로 한계를 긋는 것이 할 수 없다고 단정 짓는 것이다. 자신이 만든 것이다. 나도 내가 만든 것을 안다. 유치한 드라마를 썼다.

내 마음의 가시를 너무 오랫동안 품고 살아서 잊고 살아온 것이다. 내가 빼면 될 것을 과거의 공포는 트라우마를 만들고 계속 내 안에 품고 갔다. 이 얼마나 미련하고 바보 같은 짓인가? 나에게 사랑을 주면서 주변을 보는 관점도 많이 바뀌어 사랑으로 대하니 일이 실타래 풀리듯 풀려감을 느낀다. 내가 보는 세상은 고요했다.

하고 싶어도 주변을 의식하느라 못 한 일들을 지금 하고 있다. 내가 어찌 늦은 나이에 세계 20개국을 돌고 왔으며 그 많은 경험을 했을까? 지금도 놀랄 일이다. 실수해도 괜찮아 내안의 나를 응원하고 사랑한 덕분에 용기가 기적을 낳았다. 드디어 꿈틀거리기는 내게 강하게 하라고 밀어붙였다. 우리는 있는 그대로 자신을 믿어야 모든 게 풀린다.

살다 보면 남들은 생각보다 내게 신경을 안 쓴다. 가까이는 우리 가족도 말이다. 못 하는 것에 이유를 달고 두려워서 못 했던 것을 지금 과감히 해 보아라. 주변에서 현실적으로 살아라 해도 이제는 필요 없다. 배우고 싶은 것과 다른 나라에 가고 싶은 것에 대한 갈증이 아직 남았다. 다른 문화에 대한 경험은 가슴을 설레게 하고 환희를 안겨 주었다. 당신이 내면의 자신을 바라본다면 의식 성장에 많은 도움이 된다.

이제 모든 결정은 나로 시작하여 나로 끝난다. 지금의 내가 너무 좋다. 내 안의 사랑을 찾았고 온전한 나를 많은 공포와 두려움에서 건져 내었다. 다시는 그토록 나를 힘들게 한 나로 돌아가지 않을 것이다. 젊음과 바꾸자고 해도 말이다. 당신도 바꾸고 싶지 않은가?

정체성을 못 찾고 헤맬 때는 쉽게 외부의 문제와 폭풍에도 휩쓸려 가 고통을 당해 버린다. 이제는 고통의 코트를 벗고 그런 모습과 이별할 때다. 가끔은 누군가의 고통을 들을 때도 잠시 공감하고 나로 다시 돌아온다. 내면을 관찰하는 데서 해답을 얻을 수 있다. 어머니와의 통화 중 어머니가 과거의 잘못된 나의 선택을 말하신다. 나는 낮은 목소리로 "엄마 나 지금 이대로도 행복해요."라고 전했다. 지금은 가시를 건드려도 버럭 화도 안 나고 아프지 않다. 과거의 나이기도 하고 지금이 중요하다. 자신을 모르고 외부 세상에 마음을 두고 산다면 타인에게 의지하게 된다. 그것들이 사라질까 봐 두려워 벌벌 떠는 악순환의 연속이다.

　진정한 나를 탐구하고 관찰하면서 우리는 사람들에게 잘 보일 필요가 없다. 지금은 이대로도 사랑스럽고 존중 받기 충분함을 알아야 한다. 나의 발견은 자신감을 주고 나는 무엇이든 할 수 있고 어디든 갈 수 있다는 용기도 주었다. 당신의 과거 괴로움과 아픔으로 본인의 가시를 몸에 지니고 산다면 지금 있는 그대로 본인을 사랑하라고 강조하고 싶다. 너무 쉽고 별거 아니지만 나 또한 몇십 년을 나에게 한계를 긋고 살았기 때문이다. 연습과 연습을 거쳐 본성의 나로 오기까지 긴 여정이 될 줄 모르고 온 거다. 당신은 나처럼 긴 시간을 끌 필요 없다.

　모든 사람은 이 땅에 누굴 위해 태어난 게 아니다. 각자 자체로도 귀하고 사랑받을 자격이 충분하다. 우주에 온 건 많은 경험과 즐겁게 살다 생이 끝나면 가라는 것이다. 너무 걱정하지 말고 살아야 하는데 잠재의식 속의 부정적 생각들이 발목을 잡는다. 이제는 벗어나 보자. 바라보는 세상이 달라질 것이다.

하루에도 많은 생각이 스치고 지나간다. 나 또한 부정적인 생각들이 엄청나게 밀려올 때도 많았다. 우리가 기억하는 과거는 모두가 망상에 가깝다고 심리학자들은 말한다. 나대로 살면 망상하는 나를 쳐다보고 관찰하는 여유가 생긴다. 또 다른 사람들이 망상으로 하는 행동들도 보게 된다. 나는 이럴 때 나를 관찰하며 내 감정을 살피고 '지금 이대로 나는 진정한 모습인가?'라고 질문을 한다. 가장 나다운 게 가장 편하다.

감정을 표현하는 연습도 우리에겐 필요하다. 원하는 것을 말하고 감정을 이쁘게 표현하는 사람에게 어느 누가 돌을 던질 수 있을까? 나는 커피숍에 가서도 점원에게 사랑을 담아 미소를 짓고 부탁하고 주문도 한다. 에너지는 다 통한다는 것을 나는 체험을 통해 알게 되었다. 그들도 나를 공손히 대접해 주고 그 이외의 서비스까지 받는 행운을 얻게 된다.

지금은 마음이 평온하다. 나는 지금 있는 그대로 인정하고 사랑하고 살면서 모든 관계와 문제들이 풀리기 시작했다. 저절로 풀리기도 하고 뜻밖의 축복을 안겨 주기도 했다.

2장

성공으로
가는 길

01

행복이 행복을 전한다

폴란드에서 근무하며 주말이면 나만의 시간을 보상 받기 위해 무조건 나갔다. 공원을 산책하며 평화로운 폴란드의 아름다운 건물들을 보면 미소가 번진다. 공원 입구에서 화덕 피자 냄새가 나를 유혹한다. 피자를 먹으면서 눈부신 햇살 아래 있노라면 입가에는 행복도 같이 녹아내린다. 피자 한 조각에 비로소 여유와 행복감이 밀려온다. 먹으면서 행복은 저 너머 있지 않고 바로 나와 언제나 함께 있었는데 간과하고 지나갔던 것을 느낀다. 피자를 입에 물고 혼자 가슴으로 울었다. "나 이렇게 행복해도 되나?" 하고 말이다. 주변을 돌며 보아도 이방인은 나 혼자였다. 그러나 그 순간은 어떤 것과도 바꾸고 싶지 않았다. 저 멀리 이국땅에서 찾은 행복이라서 말이다.

한국에서는 혼자 여행하거나 커피숍도 혼자 가는 일이 거의 드물었다. 이것 또한 몇 년의 해외 생활이 나를 바꾸어 놓았다. 혼자 다니고 여행하며 많은 일이 일어났고 좋은 사람과의 인연도 많았다. 지금 생각해 보니 미리 정해진 순서로 내 앞에 펼쳐진 듯 세상은 신기하게 돌아갔다. 나는 장을 보듯 행복을 사려 했던 것일지도 모른다. 허전한 마음을 쇼핑으로 메꾸고 지인들과 만나 수다로 채우며 군중이라는 무리에 속해 불안한 나날을 보냈다. 돌아가는 나의 모습이 씁쓸했다. 우리는 바쁘고 군중 속에 있어야 편안함을 느낀다.

공원 입구를 걸으면 자연이 준 선물에 감동한다. 쭉쭉 뻗은 나무와 초록 잔디의 평화로운 곳은 동물들의 천국이다. 사람과 일체가 되어 즐기는 모습을 보면 벤치에 앉아 한참을 보다 간다. 이들은 천천히 걷기도 하고 온전히 휴식하러 나온 모습들이었다. 산책하며 느림이 주는 행복을 비로소 알게 되었다. 여유라고 해야겠다. 나는 빠르지 못해 옆에서 재촉하거나 주시하면 실수를 연발하곤 해서 긴장했던 일들도 많았다. 울렁증까지 생기고는 했다. 그런 내게 폴란드에서의 삶이 여유와 행복을 준 것이다. 세상이 나를 위해 돌아갔다.

산책을 하면서 '지금까지 살며 무엇을 위해 달려왔던 걸까?' 생각을 해보았다. 나를 돌아볼 시간이 없었고 그런 생각조차도 못 했다. 누군가의 삶에 내가 젓가락만 놓고 따라간 삶 같았다. 불필요한 일에 감정 에너지를 쏟아붓고 살았다. 행복을 미래에 두고 산 것이다. 조금만 더 가면 고

지가 있다고 생각하며 처절하게 달렸다.

　미래에 둔 삶은 많은 것을 더 가져야 한다고 생각한다. 절약해 모으고 노동시간을 늘려야 하고⋯. 물론 물질적 풍요는 삶에 많은 것을 주기도 한다. 남편 사업이 잘되는 시기에는 돈을 모으는 것도 흡족했고 부동산이 하나둘 축적되는 기쁨도 있었다. 집에 가구며 필요한 물건들을 사들이는 것도 행복이었다. 한계가 없이 산이 되게 쌓고 싶었다.

　한 번 무너지고 아프고 다시 내 모습을 보는 기회가 오니 작은 것이 보였다. 지금, 이 순간의 행복을 생각하게 된다. 작은 것에도 웃고 감사하는 행복이었다. 내가 보는 시선이 행복하니 펼쳐진 세상도 아름답게 보였다. 산책하며 꽃들을 보는 여유가 좋았다. 나대로 급할 것 없이 주변의 모든 것들을 관찰하게 되고 내가 무엇을 위해 여기까지 왔나가 보이기 시작했다. 매일 걱정만 했던 날들, 폴란드에서의 삶을 통해 걱정은 내가 만들었다는 걸 알고 점차 마음의 여유도 찾았다. 자신을 찾고 보니 주변이 보였다.

　폴란드에서 알게 된 앤드루와 도르시는 행복의 단면을 보여준 친구들이다. 이들은 60대에도 세계 80개국을 돌고 왔을 정도로 삶의 여유가 있는 사람들이다. 금전적 여유가 아니라 마음이 여유롭다는 것이다. 우리는 폴란드 가정식을 먹으며 여행이나 폴란드 문화 등에 대해 이야기를 나눴고 앤드루의 몸으로 하는 조크에 웃음바다가 되기도 했다. 얼마 만의 온전한 행복인가. 물질적으로 풍부하다고 다 행복한 것은 아니다. 저들처럼 하고 싶은 것을 즐기며 삶의 여유가 주는 공간이 행복이다. 지금도 이들의 웃음소리가 나의 귓전에 맴돈다. "로즈, 나의 친구 로즈" 하며 와인 한 병을 가방에 넣고 내게 달려올 것만 같다. 만나면 덥석 안고 반가워할 것이다. 경험이 행복이 되는 순간이다.

철학자 니체의 『차라투스트라는 이렇게 말했다』에서 "다시 한번 뛰는 삶을 살고 싶은가?"라는 질문에 "사람은 언제나 자기 자신을 극복해야 하는 그 무엇이다."라고, 간결하게 답한다. 우리는 결국 행복을 위해 원하는 삶을 살고 싶어 한다. 나 또한 긴 여정을 거치며 행복을 누구보다 갈구하며 살았다. 여기서 니체는 원하는 삶을 살기 위해 창조자의 삶을 살아야 한다고 한다. 어떻게 창조자의 삶을 살까? 익숙한 것을 버리고 새로운 것을 경험할 때 비로소 자신이 진정으로 원하는 바가 무엇인지 깨닫게 된다. 낯선 세계로 나갈 때 내면의 목소리에 집중할 수있다는 말이다.

나는 마음이 바닥까지 가고 외부에서 사랑을 갈구했을 때 폴란드라는 나라가 내게로 와서 그곳에서 지내며 내면세계에 집중할 수 있었다. 진정 원하는 삶을 살게 되어 행복함을 느끼고 가슴을 펴고 살 수 있었다. 우리는 내면의 목소리를 따라 내가 원하는 삶이 무엇인지를 관찰하며 과거의 자기 갑옷을 벗어던져 버려야 한다. 과감히 동거한 과거와 이별을 해야 한다. 내가 만일 과거에 얽매어 지금까지 살고 있다면 끔찍하게 몸도 더 아팠을 것이다. 사랑과 인정을 구걸하고 살고 있었을 것이다. 나는 긴 터널을 지나 끝이 어딜까? 하며 의심하기도 했고 포기하고 싶었다. 그러나 내 마음속 목소리는 간절함을 부르짖고 있었다. 계속 전진하라고 말이다.

과거의 날을 어떻게 벗어날 수 있었을까? 나는 매일 확언하다시피한 문구가 있다. 이 말은 몇 번을 강조해도 모자란다. 나를 있는 그대로 사랑하고 인정하기이다. 우선 자신을 미워하고 자신감 없는 자신을 일으켜 세워야 한다. 이러지 않고는 어디서 누군가와 아무것도 할 수가 없다. 내 안의 믿지 못한 용기와 결단이 부족하여 여러 번의 기회가 스쳐 지나가 버린 거다. 행복은 저 너머에 있지 않고 저 멀리도 갈 필요가 없다고 말해주고 싶다. 행복은 우리가 선택하면 된다. 타인의 행복을 보는 것도 행복이다. 행복이 행복을 전한다. 같이하는 행복은 배로 감동을 준다. 과거의 우리 자신을 떠나보내고 지금의 자신을 사랑하고 인정하자.

자신을 깊이 아는 것부터 시작

나의 학창 시절은 매우 단조로웠다. 크게 튀지도 않았고 친구와 어울리기를 무척이나 좋아했다. 부모님은 생활력이 강하셨다. 자라면서 넘치게 풍족하지는 않지만, 공장이 3교대로 돌아가는 시기에 어머니는 먹는 것 하나만큼은 부러워 말라며 푸짐하게 해주셨다. 덕분에 초등학교 때 삐쩍 마른 몸은 점점 살이 오르기 시작했다.

고등학교 다닐 때 부모님은 부천에 건물을 지으셨다. 우리 가족은 이사했다. 아버지는 주변 권유에 쌍안경 조립 공장을 차리셨다. 나는 그때 대학에 다니며 잔심부름을 했고 방학에는 일도 잠시 했다. 어느 날은 정말 하기 싫어 도망도 치고 싶었다. 2년 후 결국 아버지 사업은 부도가 나서 받았던 약속 어음도 다 휴지 조각이 되었다. 그 당시 현명하신 어머니의 처리로 길바닥에 나앉는 일은 다행히도 없었다.

이때 집안의 가라앉은 분위기에 방에서 잘 나오지 않고 부모님의 눈치를 살피기 시작했다. 사이가 좋으셨던 두 분은 사업 실패에 대해 끝없이 분쟁하셨다. 내 방에서 음악을 들으며 책을 읽는 날들이 많았다. 그 당시 두려움이라는 그림자를 외면하고 버렸다. 두려움은 나의 잠재의식에 쌓여 가고 있었다. 저항하고 애써 외면하며 누군가에게도 말할 엄두가 나지 않았다. 동굴 속에 움츠리고 있는 겁 많은 어린 소녀가 내 안에 존재하기 시작한 것이다. 감추고 싶었다.

사업으로 재산 손실을 보신 부모님은 자식들에게 돈을 아껴 쓰라고 강조하시고 돈에 대한 두려움과 공포도 잠재의식에 심어 주셨다. 돈은 좋은 것이 아니라 없으면 큰일 난다는 공포의 대상이 된 것이다. 이것에 대한 마음은 안타까운 생각이 된다. 돌고 도는 돈의 개념은 아껴 쓰지 않으면 미래가 없다는 불안의 대상이 되었다. 우리의 돈에 대한 공포는 외부로 나타난다. 잘못 심어진 돈의 개념은 풍족함을 즐기지 못하는 원인을 만들기도 한다.

"욕심부리지 말고 살아라." 아버지의 이 말씀은 나를 돈에 더욱더 집착하게 했다. 내가 결혼한 날 빈 내 방에서 소리 내 울고 계셨다고 한다. 지금도 그 생각하면 아버지의 사랑을 깊게 느낀다. 근검절약만 하신 아버지의 삶은 정답이 아니었다. 돈에 대한 모든 부정적인 관념을 바꾸어야 한다. 우리 안의 내면을 바라보며 무엇이 들어 있나를 알아야 한다.

내가 하고 싶은 게 뭘까? 나는 어디로 가야 하지? 우선 자신감도 부족했지만, 어디부터 시작해야 할지 몰랐다. 그림에 대한 열망은 아버지의 사업이 부도 나고 하고 싶다는 말도 더는 할 수가 없었다. 그 당시에는 누가 공격하면 내 몸속에서 용 백 마리가 꿈틀거리는 듯 가슴이 터져 버릴 것만 같았다. 분노가 나도 모르게 쌓여 가고 있었다. 마음의 쓰레기를 나에게 버리고 있었다. 순진하고 착함은 어른들께 점수는 받지만 자신을 못 찾는 바보로 만들었다.

급속도로 변해가는 세상속으로 과거의 나를 부수고 나갈 용기가 안 났다. 무서워 도망가고 싶고 변화가 두려웠다. '미친 듯 살아 볼까?'라는 생각도 했지만 일을 저질러 부모님께 걱정을 끼치고 싶진 않아 작은 반란만 일으켰다.

사랑을 표현하지 못하시는 부모님 아래에서 자라다 보니 나는 표현이 서툴렀다. 유년시절이 흘러갔다. 라디오에서 흘러나오는 노래와 책이 전부이고 동네 친구가 전부였다. 나의 어린 시절 그 작은 내면의 아이는 큰 소리도 못 내고 울고 있었다. 지금이라도 포근하게 안아 주고 지금 그대로도 충분하고 사랑한다고 머리를 쓰다듬어 주고 싶다.

부모님도 당신들의 내면 아이가 사랑받고 싶었을 것이다. 사랑을 표현할 줄 몰라 자식에게도 마음만 간직하고 표현에 서툴렀을 것이 분명하다. 당신들도 피해자이시다. 우리 가족 전부의 내면 아이를 사랑해 주고 안도하는 마음으로 사라지게 해 주고 싶었다. 거울을 보며 명상에 잠겨보기도 했다. 온몸이 사시나무 떨리듯 떨리고 눈물이 뺨을 타고 내리고 있다. 그 뒤에 오는 평화는 사랑으로 서로를 감싸 주었다.

우리가 부정적 감정을 없애려고 애쓰기보다는 조금이라도 느껴 주고 보내는 게 더 편하게 보낼 수 있다. 누구에게나 언제든 문제가 발생할 수 있다. 그럴 때마다 엉켜서 싸우고 저항한다면 마음의 병이 되어 우리 주변도 슬프고 암울하게 만든다. 피할 수 없는 문제를 겪어 오면서 깨달은 사실은 그것은 이미 흘러갔다는 것이다. 외부의 수많은 관념이 우리 안에 자리 잡고 있다. 그것은 우리에게 대단한 영향을 미치고 있었다. 어떻게 하면 내 안의 잘못된 관념들을 처리할 수 있을까?

내 안의 고통을 보며 느껴 주고 인정해 주어야 흘러간다. 폭풍이 몰아친 곳에 고요가 있다. 그때의 일은 우리의 마음을 대변하고 있었다. 외부 세상만 보고 간다면 쳇바퀴 돌듯이 계속될 것이다. 아픈 과거를 보내기 위해 인정하고 보내 줄 시간이다. 밖을 보기 전 내 안의 나를 알아야 한다. 자신을 알아야 모든 문제가 실타래 풀리듯 풀린다. 문제가 발생했을 때 외부에서 찾지 말고 가만히 자신을 들여다봐라. 문제는 안에 있었다. 문제의 답도 안에 있다.

우리에게 찾아오는 문제에 내면을 들여다본다면 문제는 솜사탕 녹듯이 사라진다. 성공으로 가는 길도 내면부터 탐구해야 진정 자신이 원하는 것을 바라보고 갈 수 있다. 시작은 내면의 자신을 아는 것부터다. 주변에서 심어 준 잘못된 신념으로 산다면 하루도 편하게 살 수 없다. 내안을 들여다보고 자신으로 돌아가야 하루를 평온하게 보낼 수 있다.

우리는 지금도 수많은 생각에 잠겨 자신을 비난의 상대로 보고 괴로워한다. 내가 그랬다. 이제는 괴로워할 필요가 없다. 여러분도 살면서 누군가 심어 준 잘못된 신념으로 살았다. 우리는 자신의 내면으로 들어가 고귀하고 사랑스러운 자신을 보아야 한다. 당신 주변은 당신의 그림자다. 자신을 존중한다면 기적 같은 일들이 일어날 것이다. 평온한 일상도 같이 따라온다.

03

과거와 이별하고 삶이 바뀌었다

 나이 먹었다고 생각되면 우리는 경제적 안정을 추구하고 심리적으로도 편안한 상태가 되어 새로운 삶을 단념을 하게 된다. 그냥 시간이 지나가서 그것에 맡기고 살게 된다. 아무런 희망과 꿈이 없이 산다는 말이다. 이것은 때로는 수명을 단축시킨다.

 당신은 원하는 삶을 살고 있는가? 다시 한번 가슴 뛰는 삶을 살고 싶은가? 나는 늦은 나이에도 하고 싶은 걸 하고 산다고 선언했다. 내가 처음 그림을 배울 때 가슴이 뛰고 행복했다.

 누구나 인생의 크고 작은 전환점이 있다. 전환점은 평범하게 살던 우리에게 색다른 경험을준다. '나는 누구인가?'라는 질문을 하고 파고들며 나를 찾기로 선언한 게 큰 전환점이었다. 처음에는 낯선 환경이 무서웠고 지금 있던 곳이 편안해 안주하고 싶었다. 과거로부터 끈을 끊어야 자신을 앞세우고 나갈 수 있었다. 단절이라는 너무나 단단한 철벽을 깨고 나와야 했다. 주변의 지껄임도 신경 쓰였으나 반복하는 삶이 무서웠다. 과거 속에 산 나는 철저하게 남 탓을 한 것이다. 과거와 이별하고 내가 원하는 나로 살 것이라고 선언한 뒤로 모든 게 평온하고 애를 쓰지 않아도 흘러서 갔다. 내가 원하는 나로 살려면 어떻게 해야 하나? 익숙한 것을 버리고 새로운 경험을 많이 해야 한다. 그럴 때 우리는 다시 태어나고 모든 걸 창조하는 창조자로서 삶을 살게 되는 것이다.

내면의 목소리에 귀를 기울렸다. 내가 진정 원하는 삶은 무엇이었나? 4년 동안 지냈던 폴란드에서 일을 마무리하고 영국으로 건너갈 당시 내면의 목소리는 플라워 학교에 가기를 원했다. 그 소리를 따라 결정하고 다가오는 일을 받아들이기로 했다. 새로운 경험은 나에게 행복을 안겨주었고 나는 할 수 있다는 신념을 갖게 했다. 한편으로는 현실에 안주하고 싶지만 그러기에는 내 인생은 지금 이 순간이 중요하다. 내 안의 의식이 과거와 이별하고 나서의 나의 변화이다. 과거속에 묶여 망설였던 마음을 싹 버렸다.

행복이 물질적 욕구도 있지만 이는 오래 못 간다. 아무리 맛있는 것도 먹는 데 한계가 있다. 매일 옷을 바꾸어 입고 남의 시선을 의식하고 사는 것 또한 참으로 피곤한 삶이다. 이런 것들은 남에게 인정받고 싶은 욕구에서 나온다. 진정한 행복은 내가 나로 사는 데서 나오고 자신이 하고 싶은 걸 할 때 행복이라고 말한다. 자신을 인정하지 못하고 남과 비교하는 삶은 자신을 병들게 하고 모두를 힘들게 한다. 이 세상에 나와 같은 사람은 하나도 없다. 누구나 행복할 권리가 있는 것이다. 그것은 온전히 있는 그대로 자기를 사랑하며 살 때이다.

아무리 부족해 보이는 사람일지라도 우리는 누구나 존재 자체로도 행복할 자격이 있다. 그런데 우리는 하루에도 수없이 비교하고 비판하여 상대를 깎아내리려 한다. 그것은 자존감이 낮고 내 안에 사랑이 없기 때문이다. 없는 사랑을 어찌 준다는 말인가? 나는 마음 표현이 서툴기도 했다. 많은 생각을 하다 보니 표현하기 겁이 났던 거다. 내 안의 고갈된 사랑이 그것을 대변해 주는 듯했다.

누구도 다른 사람에게 그리 관심 없다. 그런데 우리는 매일 공격 받고 있다고 생각하며 살고 있다. 이러니 행복과 멀게 살고 있었다는 말이다. 내가 그랬다. 허깨비 삶이다. 내 편이 못되어서 준 삶은 결핍된 마음을 불러오기도 했다.

우리는 누군가를 만나고 오면서 내가 실수한 게 없나? 오만가지 걱정을 만들고 오해마저 하게 된다. 여러 가지 망상을 한단 말이다. 사람 관계가 힘들고 어려운 것은 여기서 시작된다. 그들은 아무 신경을 안 쓰는

데 우리가 만들어 놓은 드라마에 우리가 빠져 허우적대고 있다. 이것을 멈추어야 한다.

나로 살며 자신을 사랑하는 게 모든 문제의 해결법이고 자신에게 행복을 준다고 생각한다. 이 말이 쉬우면서 어려울 수 있다. 너무 쉬워 간과하고 갈 것이다. 나는 사람들에게 문제가 있을 때마다 나의 이야기를 해주고 싶었다. 과거와의 이별만이 답이라고, 자기 비난을 멈추라고 말이다. 언제까지 과거에 살고 있을 것인가? 과거는 과거에 묻으라고 했다.

우리는 주변의 말들을 다 믿으며 살아서는 절대 안 된다. 잘못된 신념들도 있기 때문이다. 잠재의식에 박혀 있는 이런 신념들이 우리를 얼마나 힘들게 했나? 이제는 외부를 보지 말고 내부의 나를 보고 가야 한다. 내가 중심이 되는 세상을 만들고 내가 원하는 게 무엇인가를 보고 가야 한다.

과거를 버리고 흔들리는 갈대와 같은 삶은 멈추기로 했다. 과거의 내가 아니고 지금 이 순간이 행복이고 모든 문제는 흐르고 또 오는 걸 알고 있다. 수많은 책들이 결국 사랑으로 마무리한다. 나는 힘들고 방황했던 시기 책 속에서 답을 찾고 나를 찾았다. 사랑 없는 그 어떤 것도 막을 수 없음을 알았다. 사랑이 정답이다. 나도 내 안에 사랑이 없는데 타인도 없는 사랑을 달라고 하면 그들은 줄 수 없다. 그들도 어찌 보면 위로 받고 싶고 사랑받고 싶은 사람들이다. 머릿속에는 온갖 생각들이 집착을 낳아 한시라도 행복했던 적이 없다고도 한다. 그가 그랬다면 나도 그랬다. 없는 사랑을 서로 달라고 하니 분쟁이 일어나고 미워하며 산 거다. 그것도 모자라 자신을 학대하는 경우가 많다.

행복도 자신이 만든다. 부정적인 마음을 가득 가지고 산다면 호화로운 생활이 좋을 리 없으며 결핍이 결핍을 만드니 불행의 연속이다. 누군가 쓰레기 같은 말을 던져도 우리가 쓰레기통이 되지 않으면 된다. '저 사람은 지금 결핍 상태에 있구나! 그래서 저러나봐'라고 생각하면 된다. 타인이 던진 쓰레기를 받지 말아야 한다. 요즘은 젊은 사람들 사이에서 결혼 상대 중 피해야 할 사람 1순위가 분노 조절 장애라고 한다. 참 현명한 말이다. 다 갖추고 흠이 없는 사람이라도 대화 시 분노 조절이 안 된다면 상대는 너무 힘들 것이다. 또 한 사람을 장애로 만드는 것이다.

나이를 먹고 안 먹고는 큰 상관이 없다. 내가 할 때가 그때이다. 요즘은 마음만 먹으면 인터넷과 유튜브에서 다양한 것을 배울 수도 있다. 배움과 경험을 멈추지 않을 때 우리는 지금 이 순간의 행복을 알게 된다. 과거에 갇혀 한계를 만든 것들을 모두 버려라. 오늘이라도 가고픈 곳이 있으면 훌쩍 떠나는 것이다. 오늘은 다시 오지 않는다. 오늘 만난 그 사람은 내일 그 사람이 아니다. 그렇다면 하고픈 말과 감사, 용서는 바로 해야 하지 않는가? 나는 바로 한다. 과거의 자신을 던져라. 많이 표현하고 사랑하며 사는 게 행복이다. 과거와 이별을 하자. 그래야 우리는 새로운 경험을 통해 창조자가 되는 기쁨을 얻게 된다.

04

내려놓는 삶은 새로운 인연을 만든다

살면서 참 많은 시간을 자신의 선택권마저도 남에게 주고 살았다. 초등학교 시절 사생 대회에 나가 그림을 그려 상을 탔다. 그러나 바쁘신 부모님은 자식의 교육에 섬세하게 신경 쓸 여유가 없으셨다. 공부 잘해 대학만 가면 된다고 생각하신 거다. 그림은 가난을 걷는 가시밭길 정도로 치부해 버린다. 타인이 판단해 버린 삶을 살고 있진 않은가?

그림에 대한 열망은 잠시 파리를 여행하면서 더 내 가슴을 열게 했다. 온종일 루브르박물관과 현대미술관을 둘러보면서 행복했다. 마음의 평화가 왔다. 나의 존재감을 언제 느꼈을까? 그림에 대한 열망이 내 안에서 꼬물거리고 있었다. 몸 안의 세포들이 축제를 열고 있다.

고등학교에 다니며 친구가 그림을 그리면 그렇게 부럽고 멋져 보일 수가 없었다. 진로를 선택할 때 아버지 마음에 들게 대학 나와 밥은 굶지 않는 과를 택했다. 나의 의지와는 상관없고 주변이 원하는 곳으로 내가 간 거다. 지금 생각해 보면 참 어리석고 바보 같은 선택이다. 그런 맘으로 갔으니 어려운 화학이 눈에 들어올 리 없고 이과 수업은 내게 넘기 힘든 산이었다.

나의 정체성이 불안하다 보니 선택의 권한을 남에게 주고 살았음을 알게 되었다. 이것은 정말 내가 원하는 것인가? 내 마음의 소리에 귀를 기울이게 되고 마음이 차분해짐을 알게 되었다. 급하게 한 선택에는 후회가 많았고 너무 깊이 생각하다 기회를 놓친 적도 있다. 결과를 받아들이고 차분히 기다리면 또 다른 기회가 내게 왔다는 것을 알게 되었다.

남의 선택에 내가 간다면 내 안의 소리를 무시하고 처절하게 무너트린 결과가 되었다. 자신이 아닌 삶을 살다 보면 고난도 따른다. 다가오는 아픔도 있기에 무방비 상태가 되어 일을 망쳐 버린 경우도 많았다. 긴장 속에 사니 몸은 조금씩 멍들어 갔다. 나를 치유할 시간도 없이 남이 가는 길의 뒤를 따르니 그럴 수밖에 없었다. 잔칫집 초대 손님일 뿐이었다.

지금도 나와 같은 고민을 하는 사람들이 많을 것이다. 원래 인간은 이렇게 살게 프로그래밍되어 있다고 한다. 남은 나에게 관심이 없는데도 우리는 꼭 주변을 생각해서 내면의 소리를 무시하고 결정을 내려 버리곤

한다. 부모의 마음에 들게 선택하고 남의 관심에 자신을 태우고 갔다. 놀이 중에 꼬리잡기가 있다. 우리는 남의 꼬리를 잡기 위해 인생을 소비할 수도 있다. 본인의 꼬리를 볼 시간이 없는 것이다. 죽음이 임박해서 겨우 알게 된다. 이제는 내려놓을 때다. 타인의 잣대를 던져 버려라.

이런 결정으로 걱정하지 않을 것도 만들어서 걱정하는 경우가 너무 많았다. 지금은 흐르는 대로 자연스럽게 내 내면의 소리를 듣고 하니 그것을 사랑할 수밖에 없었다. 그리고 행운도 같이 따라왔다. 좋은 기분의 에너지는 주변의 에너지도 같은 것을 끌어당긴다는 걸 많은 경험을 통해 깨닫게 되었다. 내려놓는 삶은 많은 흥밋거리를 안겨 준다.

폴란드에 있을 당시 작은 나의 선택이 어떤 파장을 몰고 왔는지 말해 보려 한다. 토요일 시내를 걸어가고 있는데 판에 걸쭉한 액체를 부어 예쁘게 아이스크림을 만들어 주는 곳으로 시선이 간다. 보면서 침을 꿀떡 삼키는데 "당신 한국 사람인가요?"라고 묻는 중년의 목소리가 내 목덜미를 타고 왔다. 뒤를 돌아보니 외국 사람이고 60은 넘어 보이는 두 중년이 나를 보고 미소를 짓고 있다. "네 한국 사람 맞아요. 그런데 당신은 내가 한국 사람인지 어떻게 알았죠?" 했더니 중년의 폴란드 신사는 나의 옷차림과 얼굴을 보고 알았다고 답했다.

폴란드 신사는 미소를 지으며 아이스크림을 주었다. 나는 중년의 부부에게 "감사합니다. 어제 멋진 공원에 다녀왔는데 내일 그곳에서 제가 이두 개의 아이스크림을 맥주로 보답하고 싶은데 어떠셔요?"라고 물었더니 공원을 안다며 흔쾌히 약속했다. 내가 생각한 대로 가는 거구나. 약속한 공원에서는 마침 축제가 열리고 있었다. 우리는 독일 맥주를 들고 건배하였다. 그들과의 인연은 내가 폴란드에 있는 4년 동안 외로움을 달래고 폴란드 문화를 가까이 접할 기회가 되었다. 내면의 소리가 그들의 마음속까지 울려 퍼진 것이다. 마음을 비우면 다가오는 인연을 만나기도 한다. 눈치만 보는 마음이라면 그들을 끌어당기지 못했을 것이다.

수많은 선택지 앞에서 많은 경험에 두려워 말고 시도해 보기로 결단했다. 내면의 소리에 따르기로 하면 책임도 나에게 있다. 긍정의 에너지는 좋은 결과를 준다. 몇 번의 실험 결과 나의 신념을 믿는다. 일어나지 않은 일을 미리 걱정한다면 아무것도 할 수 없다.

나는 폴란드에서 만난 그들과의 인연을 지금도 감사하게 생각한다. 폴란드 음식을 만들고 집에서 주말을 보내는 나를 피크닉에 초대해 주었다. 싱그러운 나무 그늘에서 폴란드 음식을 펼쳐 두고 와인을 마시며 행복했다. 그들의 마음 여유가 좋았다. 우리만의 작은 축제가 꿈만 같았다. 중간에 핸드폰을 뒤적이는 모습은 거의 본 적이 없었다. 그 시간에 집중했으며 폴란드 결혼행진곡에 리듬을 타고 춤도 추었다.

　온전히 지금 이 순간에 있었고 항상 눈을 마주치며 상대를 존중하는 마음이 보였다. 그들이 내게 표현하지 않아도 포옹하며 느끼는 기운은 그 마음을 느끼기에 충분했다.

　지금도 고민하는 여러분께 내가 말하고 싶다. 지금은 돌아오지 않을 것이고 수많은 사람은 우리에게로 왔다 사라진다. 자기 내면을 들여다보아라. 자신이 원하는 게 무엇인가를 보아라. 상대가 어찌할 거라는 본인이 만든 통속 소설에서 과감히 벗고 나와라. 어떤 멋진 일들이 우리를 기다리는지 아무도 모른다. 나만이 만들 수 있다. 아이스크림 하나가 나의 소중한 인연을 만들듯이 애써 가며 만든 인연은 나중에 내가 지쳐 떨어진다. 흐르는 대로 자연스럽게 만들어진 인연은 또 다른 행복을 줄 수 있다. 순간순간의 경험은 당신의 멋진 삶을 만들어 준다. 나중에는 내게로 아프리카 아가씨까지 끌려왔다. 따스한 인연이다.

　새로운 인연이 다가올 때 항상 신호가 있다. 같은 것끼리 끌어당긴다. 사랑으로 끌어당겨 보아라. 반드시 끌려올 것이다. 그리고 지구에서의 축제를 즐겨라. 우리에게 오는 새로운 인연은 우리를 멋진 곳으로 데려간다.

버리는 순간 삶이 특별해진다

나는 작품과 인테리어에 관심이 많다. 유럽에서 거리를 다니다 예쁜 집들이 있으면 멈추어 잠시 감상하곤 했다. 그 집 앞 계단에 놓여 있는 화분을 볼 때면 그 집에 사는 사람들을 상상해 보기도 한다. 유럽의 오래된 건축물들을 보면 감탄이 절로 나온다.

어느 날 해외 생활을 마감하고 집에 오니 집 안은 오랜 시간 잠자고 있는 것들로 가득 쌓여 피로감이 몰려왔다. 물건마다 용도가 있어서 샀을 것이고 집안으로 끌어들였을 것이다. 그 순간 물건들이 고물로 보였다. 짐 속의 나는 변화를 원했다.

나는 집안에 많은 물건들이 쌓이도록 방치했다. 물건으로 둘러싸여 있을 때 내 마음도 잡다한 생각으로 가득 차 있었을 것이다. 나는 단순화된 삶을 결정하고 가지고 있는 물건부터 정리하게 되었다. 작은 물건부터 하나씩만 남기고 정리하기 시작했다. 처음에는 또 필요할지 몰라 상자에 두고 며칠이 지나도 필요 없음을 알게 되면 과감히 버렸다. 물건들로 나를 과시하고 살았다. 남에게 보이고 싶어 산 물건들도 많았다.

작은 물건들을 정리하고 부피가 나가는 옷과 신발을 정리하기 시작했다. 옷도 몇 년을 입지 않은 것들을 보관하고 있었다. 신발은 사계절이 있어 많이 필요 할 수도 있지만 신고 다니는 것은 불과 두 켤레뿐이다. 지금은 운동화도 하나다. 갖고 싶은 운동화라 선택하는데 고민할 필요도 없고 좋다. 나는 좋아하는 것만 관심을 가질 것이고 선택을 집중할 것이다. 짐을 정리하고 정신적 공간 또한 느끼게 되었다. 청소 시간을 줄일 수 있었고 그동안 짐이 차지한 공간에 여백이 있어 홀가분했다.

법정 스님의 『무소유』에서 하루는 스님이 멀리 길을 떠나시며 뜨거운 햇빛에 늘어져 있을 난이 마음에 걸렸다. 일화는 우리에게 물질에 대한 집착의 괴로운 일면을 보여 주었다. 그래서 스님은 이 집착에서 벗어나야겠다고 하셨단다. 우리는 많은 물건에 집착하고 산다. 스님은 난 하나에도 집착을 벗어나시려 하는데 우리가 집착하는 물건들은 몇 가지나 될까?

내가 스페인 여행 중 잃어버린 가방 속에는 여권, 스카프, 모자가 들어 있었다. 여권은 다시 만들면 되지만 그동안 내가 좋아했던 모자와 스카프가 더 맘에 걸렸다. 애착하는 물건을 다시 사러 갔다가 그만두었다. 왜냐하면 이 물건 또한 내가 신경 쓰고 집착하느라 마음을 써야 하기 때문이다. 나는 그것을 지키기 위해 지키는 수고를 겪어야 한다. 그 무엇에도 집착하고 싶지 않다. 내가 가지고 있을 때만 내 것이다.

가지고 있는 것에 감사하며 나와 있는 물건에 애정을 주며 살고자 한다. 물건과의 관계를 끊고 보니 심적 자유와 편안함을 느꼈다. 누군가 명품을 사랑하면 그 마음도 존중해 줬다. 마음의 여유가 생기자 질투가 사라졌고 상대가 가진 것에도 무한 애정을 표하게 되었다. 옷도 나보다 그 옷과 더 어울리는 사람을 보면 진심으로 칭찬을 해 준다. 나의 삶이 이렇다고 다른 사람에게 강요하고 권하는 건 절대 아니다. 바라만 보는 기쁨도 있다.

물건을 버리고 나서 마음에 공간이 생기는 여유는 더 이상의 물건이 내 마음을 채울 수 없음을 말해준다. 이 공간의 여유는 허한 게 아니고 행복, 사랑을 채우는 공간이기도 하다. 예전의 집이라는 공간과 몸이라는 공간을 채우기 위해 물건을 사서 꾸몄으면 이제는 마음의 공간에 힐링과 경험을 채우고 싶다. 얼마나 멋진 삶이 되겠는가? 자신을 사랑하며 자신을 위해 기쁨이 되는 곳을 찾아 여정을 따라간다면 아픔이 없는 세상을 꿈꿀 수 있다. 이것을 알고 모르고는 엄청난 차이다.

만나고 싶지 않은 사람과 의무감으로 시간을 보내고 허전한 마음을 채우기 위해 옷을 사고 나서 마음이 채워졌는가? 상처 난 마음에 반창고를 붙인 것이다. 상처는 그대로 있고 잊고 살기를 반복했을 것이다. 아무것도 자신의 마음을 채울 수 없다. 자신만이 채울 수 있다. 지금은 물건에 대한 집착에서 벗어나니 시간과 공간의 여유가 생기고, 내가 하고 싶은 것에 집중하게 되어 단순한 삶이 주는 여유를 즐기고 있다.

돈이 돌고 돌듯이 물건도 내게 온 건 순환을 시켜 주어야 한다. 누군가가 주신 물건은 감사히 받는다. 물건이 내게 당장 쓰이지 않는다면 지인이나 물품이 필요한 사람과 나누면 된다. 아끼다 똥이 된다는 말도 있지 않은가? 그러기 전 좋은 상태에 서로 나눔은 좋은 거라 본다. 냉장고의 과일도 싱싱할 때 나누면 기쁨이 두 배다. 내가 오래된 상한 과일을 먹기 싫듯 타인도 싫어 한다.

주변에 마음이 혼란스럽고 집착이 강할수록 많은 짐을 가지고 살 거라 본다. 집안을 둘러보고 조금씩 정리부터 해보라. 아마도 필요 없는 물건들이 한 70% 이상은 될 것이다. 놀라서 까무러칠지도 모른다. 정리하면서 나도 알았다. 사진과 액자도 전부 정리했다. 남기고 싶은 것은 핸드폰에 저장한다. 추억의 사진들은 이사 다닐 때마다 끌고 다닌다. 그러나 세월은 흘러 우리는 미디어 세상에 살고 있다. 추억을 저장하면 깔끔하게 해결된다.

먼지가 까맣게 낀 액자를 보며 미안하다는 생각이 들어 정리를 하였다. 주변에 늘어놓은 살림살이를 정리하고 자연히 내부의 세계 마음으로 오고 있다는 걸 알게 된다. 잘한 결정이라는 생각이 든다. 혹시 호텔에 가면 안정감을 느낀 적 없는가? 아무것도 없는 단순한 내실을 보면서 말이다. 집도 호텔같이 단순하다면 청소 시간도 줄고 남은 시간은 내가 하고 싶은 일 하며 보내서 만족한 삶을 살 수 있다. 욕실에 수건과 샴푸, 칫솔, 치약만 갖춰져 있다면 우리 집도 호텔과 같은 느낌의 깔끔한 환경이 될 것이다. 필요하다고 해서 하나둘 두다 보면 어느새 복잡하고 물건이 쌓이는 집이 될 것이다. 집에 마트를 차리지 말아라.

물건을 정리하고 쇼핑을 자제한 뒤로 마음의 여유가 생겨서 정신적 자유을 얻었다. 매일 화장실청소를 하면 마음에 안정감을 준다. 나도 청소를 실천하면서 이런 결과를 줄지는 생각지도 못했다. 누군가 내게 어떻게 평온해 보일 수 있냐고 묻는다면 버리고 정리부터 하라고 말하고 싶다. 마음 안정에 정리가 필수임이 틀림없다.

우리는 과거의 물건이든 생각이든 버리는 것을 무척이나 어려워한다. 익숙한 것에 빠져 편리함이 주는 달콤함을 버릴 수 없기도 하고 두려워하기 때문이다. 새로운 환경을 저항한다. 연습이 필요하다. 누구든 할 수 있고 처음부터 잘할 수는 없다.

　나는 모든 것을 단순화하려고 한다. 먹는 것 또한 요리법도 단순화해서 먹는다. 단순화된 삶이 가져다주는 장점은 많았다. 불필요한 생각을 안 하게 되고, 쇼핑 시간을 단축해 주고, 내가 만나는 지인도 많이 정리되고 단순해졌다. 남들은 바쁘다고 허덕거릴 때 여유에 미소가 생긴다. 정신적 자유와 내가 하고 싶은 것에 더욱 집중하고 싶다. 하루 종일 바쁘다고 외치는 사람들에게 정리부터 해 보라고 말하고 싶다. 버리는 순간 당신의 삶에 여유가 생긴다. 바쁘다는 말을 입에 달고 사는 삶에서 벗어날 것이다.

06

부자의 그릇을 키우기

부자란 어느 정도 가진 자를 말하는 걸까? 우리는 하루도 이 단어를 생각하지 않고 지나가는 날이 없다. 누구든 많은 돈과 멋진 집에서 살고 싶어 한다. 나도 30대 후반 큰 꿈을 갖고 많은 시간과 다리품을 팔아가며 부동산재테크에 집중하며 보냈다. 집과 건물에 대한 집착이 컸다.

많이 모으는 걸 목적으로 돈만 보고 갔다. 우리는 부모님의 삶에 영향을 받아 우리의 뇌에는 아껴 쓰고 저축하고 오늘을 참고 살았다. 한동안 여유가 없이 채우기에 바쁜 나날을 보냈다. 그러나 모래 위의 성은 몇 년 못 가게 되어 있다. 남편의 사업에 필요한 현금을 충당하기 위해 급하게 팔 수밖에 없는 일들도 있었고 내가 감당하기 힘든 일들이 터져 하나둘 처리하게 되었다. 지키기 위해 안간힘을 쓰게 되어 아프기도 했다.

어디서부터 잘못된 거지? 나중에 나를 바라볼 시간이 돼서야 서서히 알아차리게 되었다. 무엇 때문에 내가 그 부를 축적하려 했지? 그 당시 이 질문만 했어도 방향을 잡아 갔을지도 모른다. 그냥 열심히만 살면 되고 부를 위해 모아 나가면 된다고 생각했다. 나의 몸과 마음이 가난해지는 걸 모르고 있었다. 그때는 소비도 많이 하며 사고 싶은 걸 사면 그게 행복인 줄 알고 부자가 다 된 듯이 매우 뿌듯했다. 가격표를 보며 망설이지 않아서 좋고 어디를 가든 걱정할 것 없이 돈이면 다 될 것 같았다.

돈은 이동한다. 움켜쥐고 있을 순 없다. 그런 돈을 우리는 계속 좇아다닌다. 죽을 때까지 일하다 죽는 사람들도 많다. 하고 싶은 일을 하며 즐거우면 된다. 그러나 하기 싫은 일을 하며 스트레스를 받는다면 많은 문제를 안겨 준다. 나는 내 몸에 신호가 오면서 알게 되었다.

부자가 되기 위해서는 절차가 있고 연습이 필요하다. 왜 부자가 되고자 하는가? 결국 나로 돌아가 자신에게 부는 무엇인가로 가야 한다. 나는 부를 여행할 수 있는 여가와 그림 그리며 책을 읽을 여유면 된다고 생각했다. 미니멀로 살기로 한 뒤로 물건에 대한 집착은 많이 던져 버렸다. 그 뒤로 많은 시간과 마음의 여유에 만족하는 편이다. 그동안 내가 너무 많은 것을 가지려 하고 집착해서 많은 돈이 필요했다. 과시하기 위해 살았고 보이기 위해 산 거다. 이 틀을 벗어나야 부를 만드는 그릇을 가지고 무언가를 담는 것이다. 불필요한 것들을 비워야 담을 수 있다. 부의 그릇에 담기 위해서는 내면부터 바꾸어야 한다.

부는 비움부터 시작이다. 이 말을 이해하기까지 40년이 흘렀다. 변하고 싶어 비움과 청소부터 시작했다. 우리가 우울증을 겪거나 마음이 바닥까지 갈 때는 주변 청소와 정리가 안 되는 경우가 많다. 가끔 뉴스에서 일가족이 자살한 가정이나 고독사를 한 곳을 보면 하나같이 집이 짐들로 가득 차 있고 지저분한 걸 알 수 있다. 그 지저분함에 부정적 에너지가 가득 차게 된다. 그래서 마음의 질병에서 벗어날 수 없는 것이다.

내가 무기력하게 지낼 때의 집 안을 생각해 보니 집 안이 온통 짐들로 청소가 안 된 상태였다. 원래 정리하길 좋아하고 집안 꾸미는 걸 좋아하는 사람이었다. 그러나 자존감이 바닥으로 가니 아무것도 하기 싫었다. 부정적인 내 환경이 자리 잡고 있었다.

우울증의 시작에 무기력한 것과 주변이 지저분한 것도 영향이 있다고 한다. 우울증에서 벗어나면 몸부터 깨끗하게 하고 주변을 청소하기 시작한다. 우리 마음을 대변하는 것은 주변 환경이다. 아침에 창문부터 열어 환기를 시키고 오염된 곳을 청소하면 마음이 정화된다. 매일 화장실을 빛이 나게 청소하고 본인에게 칭찬부터 해 보았다. 이러면서 나는 안정을 찾았다. 안 보이던 길이 보였다. 자신의 공간 청소가 시작점이다. 이 습관을 21일 한다면 상위 10%가 된다. 우리는 부를 위해 비움과 청소를 해야 한다.

유명한 디즈니는 화장실 청소가 진심인 게 유명하다고 한다. 청소 스태프들을 신경 쓰고 화장실 구석구석을 청소하게 하고 원상복구까지 한다. 왜 그랬을까? 우리는 부의 그릇을 채우기 전에 그릇을 청소하고 안에 있는 부정적 쓰레기나 물건을 버리는 것부터 시작해야 한다. 새로운 내가 되는 데 필요하다. 에너지를 빼앗는 것들은 버리는 거다. 버리기 힘든 영광의 사진들, 트로피, 편지 등을 마음먹고 버리고 과거의 미련도 버리는 게 부의 그릇을 닦는 것이다.

일본 저자 마쓰다 미쓰히로의 『청소력』은 금전적으로 힘든 친구에게 화장실 청소부터 하라고 했다. 이게 무슨 연관이 있을까? 하지만 나는 매일 화장실 청소를 하며 이 말에 공감한다. 지저분한 것을 청소하며 부정적 감정도 함께 청소하면서 긍정적인 기운을 받은 느낌이 크다는 걸 느꼈다. 이런 생활 습관은 과소비를 안 하게 만든다. 하루가 활기로 넘친다.

버리고 치우고 정리하고를 21일간 한 번 해보라고 저자는 말했다. 나는 최소화한 삶을 추구하며 진정한 부를 알게 되었다. 나를 지치고 힘들게 하며 시간을 팔아 벌기보단 내가 가진 것에 감사하며 물건에 대한 집착을 버린 것이다. 남은 것을 존중하고 애착을 갖는다. 남과 비교되는 생각을 버리니 남이 가진 것도 진심으로 바라보게 됐다. 남이 가지고 있는 걸 부러워하기보다는 저것은 저 사람에게 잘 어울린다고 생각한다. 부의 관점이 바뀌기 시작했다.

부는 벌고 가지려고 하는 마음에서 부가 들어올 수 있는 환경을 만들어야 들어올 때 당황하지 않고 자연스럽게 받을 수 있다. 누군가 주는 물건은 감사히 받으며 내게 당장 필요 없을 때는 지인과 사랑으로 나누는 것이 좋다. 작은 습관은 삶에 녹아 부의 길로 가게 할 것이다. 부를 쌓고도 매일 힘든 것은 이 부정 에너지를 버리질 못해서 그랬다고 생각된다. 남의 부가 아닌 자신의 부를 잘 설정해야 애쓰지 않고 가는 부의 길이 된다. 남의 부를 좇느라 몸까지 버린다면 질병에 걸려 가장 비싼 환자복을 입게 된다. 내가 진정 원하는 행복을 위한 부를 생각해야 한다.

나는 예전에 남의 부를 부러워하며 나를 버리고 달려갔던 시절이 있었다. 그것은 진정 내게 맞는 옷이 아님을 알고 있다. 평화로운 상태가 가장 큰 부를 가져다준다. 남의 행복과 부는 영화나 드라마일 뿐이다. 당신의 부의 지도를 그리고 당신의 그릇을 깨끗이 청소부터 하고 마음을 정화하라. 자신을 소중하게 대하면 성공으로 가는 물꼬가 터질 것이다. 청소 능력은 대단한 힘이 있다. 당신의 부의 그릇을 위해 당장 화장실 청소부터 하자. 부의 그릇을 만들고 마음이 평온한 상태는 저절로 부가 흘러들어온다.

나의 가치를 남에게 넘기지 마라

우리는 남만 보고 가느라 본인의 가치를 못 보고 지나가 버린다. 죽음이 임박하여 어떤 삶을 원했던 걸 알고 후회한다. 필름을 돌려 보며 수많은 날을 영화 보듯 볼 것이다. 그중 자신이 원하여 산 삶이 얼마나 될까? 그곳에는 상처와 아픔도 있을 것이고 행복한 날도 있었을 것이다.

루이스 L. 헤이의 『치유』에는 자기 몸 가치는 자신이 정한다고 되어 있다. 나는 이 말이 처음에는 공감이 되질 않았다. 왜냐하면 우리는 자라면서 학교에서 평가하고 사회 나가면 직장에서 평가 받고 또 나아가 주변인들에 의해 매일 평가를 받고 살아왔기 때문이다. 남이 평가한 것이 내 가치라고 믿으며 희망이 꺾이고 좌절도 했다. 무슨 일을 하려 해도 타인이 너는 할 수 없다고 말하면 고민하다 쉽게 포기하기도 했다. 타인의 규격에 맞게 정해진 대로 살게 되었다.

타인의 잣대가 나의 잣대가 되어 내 안에 한계를 짓고 산 것이다. 이 얼마나 바보 같은 짓인가? 내가 나를 가장 잘 알지 않나? 우리는 끊임없이 누군가에게 동의와 인정 욕구를 구한다. 그래서 자신대로의 삶에서 멀어져 가 결국 힘이 빠져 포기해 버리는 것이다. 타인에게 맞춰진 삶이 되어버려 자신의 목소리를 내지 못하고 살다 가는 것이다. 마지막 날 '나는 누구인가?'라고 하며 생을 마감한다. 얼마나 안타까운 일인가?

자신의 가치를 타인에게 넘기니 자신이 수고한 서비스 값을 당당하게 요구하지 못할 때도 있다. 상대가 나를 버릴까 봐 두려움에 떨기까지 한다. 이것은 본인은 가치가 없다고 생각하는 데서 시작된다. 뭔가를 시작하는 것도 무척 힘들고 현실에 안주하려는 마음이 더 커가는 것이다. 고인 물이 되기를 자초한다. 나는 안 된다는 자기암시에 빠진다.

내 가치를 모르고 자신감도 다운되었을 때 배우는 것조차도 힘들었다. 누군가의 지적이 무서웠다. 처음부터 잘할 순 없는데 시작부터 잘해야 한다는 것이 나의 발목을 붙들어 힘들게 했다.

모든 것은 본인을 사랑하지 않은 데서 원인을 찾았다. 자기암시로 사랑하고 달래 주며 내 안의 가치를 끌어올려야겠다고 생각했다. 참 멀리도 돌고 돌아 왔다. 이게 어려운 게 아니고 아무것도 아닌데, 틀을 깨는

게 어려웠다. 지금의 나는 감히 누군가가 나의 가치를 매기게 두지 않는다. 나의 가치는 내가 판단하고 매길 것이다. 자신은 자신만이 안다. 의식이 커지면 자신을 존중하게 된다.

자신을 존중하기에 자신의 가치는 무한하다는 것을 깨닫는다. 어떤 것도 내가 하고자 한다면 경험하고 시도하게 된다. 지금도 늦지 않았다고 본다. 우리는 두려움과 공포로 못 하고 있다. 아직도 남의 시선이 보이는가? 그들의 잣대에 맞추고 사는가? 그 정도만 하길 바란다. 그들은 당신한테 아무 관심이 없다. 그들도 내일이면 변한다. 그들도 모른다.

많은 경험을 하고 그곳에서 좌절과 기쁨 속에 성장해 보아라. 나도 중년의 나이에 시도했기 때문이다. 시도하기까지는 내적 갈등 또한 겪었다. 내가 만일 두려움에서 못 벗어나고 계속 같은 삶을 공회전하듯 살았다면 지금 생각해도 끔찍하다. 내 안에 변하고 싶은 열망이 더 컸다. 알기만 해도 시작이 반이다. 나의 가치를 남이 정하게 하지 마라.

직접 부딪히고 계속 연습하여 나를 바로 세우고 만드는 게 가장 우선이다. 변하고 싶다는 마음이 들기 시작했을 때 책을 읽기 시작했다. 우선 심리에 관한 책을 읽었다. 밭을 갈고 씨를 뿌리기 전 밭이 온전해야 그 위에 좋은 영양분으로 싹이 나겠지 않는가?

마음이 부정적이고 바닥인 자존감에 불을 지펴줄 무엇이 필요했다. 바로 전쟁터로 나갈 준비도 안 된 상태에 꿈틀거리는 "너는 할 수 없어"라는 부정성부터 버려야 했다. 내가 만든 한계를 벗어 버려야 한다. 내가 읽은 심리에 관한 많은 책들 가운데 내 마음을 울린 루이스 L. 헤이의 『치유』에서는 부정적 감정을 내보내고 질병으로부터 행복해지기 위해서는 매일 '나는 있는 그대로 사랑해'라고 수백 번 외치라고 한다. 나는 매일 읽고 쓰기를 해 보았다. 포기하고 싶을 때도 많았다. 지금은 하나도 좋지 않은데 어떻게 '사랑해'라고 하는 거지 의심을 하면서 계속하게 되었다. 걸어가면서도 하고 자기 전에도 읊었다.

책을 매일 읽으며 조금씩 변해 가는 나를 보게 되었다. 나의 외부 세계는 부정적이고 질투로 가득했는데 이것이 내 안의 투사임을 알게 되었다. 내맡김, 실험도 하게 되었다. 내게 주어진 일들에 저항하지 않고 다가가 보기도 했다. 새로운 길에 공포는 큰 변화가 일어나려는 징조이다. 주변에 펼쳐진 나의 환경에 인정하고 받아들이기로 한 뒤로 마음이 차분해지고 평온감마저 들었다.

책 사인회에 가서 저자와 대화를 나누기도 했다. 적극적인 나의 모습은 확실히 그전과 다른 삶의 시작임이 틀림없었다. 조금씩 올라가는 나의 자존감에 내가 변하고 있음을 자축하며 즐기고 있는 듯했다. 작은 나의 변화에 희망을 찾고 내가 소중함을 알게 되었다. 누구도 내게 고통을 줄 수 없음을 알고 거리를 걷다가 소리를 지르고 싶은 충동도 느꼈다. 내가 할 수 있는 일들이 많고 그동안 나를 어둠 속에 가둔 게 미안하기도 했다. 내가 지구상에 존중 받을 고귀한 존재임을 알았다. 힘들게만 했던 내면의 자아에게 사랑을 주고 있는 그대로를 인정하기 시작하면서 많은 변화가 일어났다. 그렇게 고달프고 힘든 생각들로 하고 싶은 것을 하지 못하고 산 나는 이제는 절대로 놓치지 않겠다고 다짐했다.

누가 "당신의 가치를 매길 수 있나요?"라고 묻는다면 나는 있다고 당당히 말할 수 있다. 두려움과 부담도 있겠지만 이 또한 연습과 노력을 한다면 다 된다고 본다. 나의 호기심은 내가 새로운 것을 하게 되는 곳으로 이끌기도 한다. 나는 세계 20개국을 돌며 우리는 하나고 우리는 다 연결됨을 알게 되어 두려움이 많이 사라졌다. 모든 건 나를 중심으로 돌고 있음을 안다. 내 안에 움츠리고 있는 나를 강력하게 끌어올려 많은 경험을 하고 사는 게 행복이고 나의 꿈이다. 누구든 하고 싶은 것을 하고 가고 싶은 곳을 갈 수 있다. 세월이 흘러 후회할 것인가? 그러기에는 우리의 인생이 아름답고 찬란하다. 나의 가치는 내가 매긴다.

3장

세상은
차이를 만든 사람에게
축복을 내린다

01

부자의 마인드셋

우리는 누군가에게 주기만 하면 손해를 본다고 했다. 손해를 보았다고 생각하면 바보 같은 삶이라고 얘기하는 사회다. 그러나 애덤 그랜트의 『기브앤 테이커』에서는 결국 기버가 최종 승리자가 되는 경우가 많다고 여러 실험 사례를 보여준다. 나는 기버인가? 테이커인가?

우리 부모님은 성실하게 사시면서 주는 삶을 사신 분이다. 특히 아버지는 자신보다 못한 분들께 애정을 갖고 돕는 것을 마다하지 않으셨다. 내게도 좋게 느껴졌던 기억이다. 그래서 큰 부자로서의 삶은 아니셨지만 집안에 온기는 가득해서 웃음이 떠나질 않았다. 나도 살면서 남에게 피해 주기를 극도로 싫어했다. 손해 보고 양보해 버릴 때가 많았다. 그렇게 하는 게 나중에 마음이 편했다.

해외 생활을 하다 보면 서로 도움을 주고받는 게 참 많았다. 서로 모르는 인종들이 모인 곳에서 마음에는 인종이 따로 없음을 알게 되었다. 서로 도와주고 도움을 받는 건 일상이었다. 친절함이 더해진 미소로 답을 많이 했다. 내가 영국에서 플라워 학교에 다닐 때 그 위치는 영국 안에서도 이슬람계 사람들이 많이 사는 위험 지역이었다. 저녁 일을 마치고 트렁크 두 개를 싣고 택시를 타고 갔다. 얼마나 가슴이 철렁 내려앉던지 시간 가는 줄 모르고 백미러로 기사의 얼굴을 살피느라 진땀을 빼고 갔다. 숙소에 무사히 도착한 뒤 수업이 3일 후라 가까운 곳에 산책하러 가고 싶어 나가는데 아래층에 단발머리의 한국 여성이 카운터에 앉아 있었다. 나는 너무 반가워 인사를 하고 그녀의 간단한 자기소개까지 들을 수 있었다. 그녀는 여기서 숙소를 제공 받는 대신 교대로 2~3일 일을 보고 한인 레스토랑 아르바이트도 하며 대학원 학사 과정을 알아보고 있다고 했다. 주변 상황에 대한 도움을 받을 수 있었다. 매우 긍정적이고 웃는 모습이 이쁜 학생이었다.

나는 진이 씨의 도움을 받아 크고 작은 나의 불편을 해소할 수 있었다. 그녀는 언제나 미소를 지으며 친절하게 응대해 주었다. 그녀의 친절에 항상 고마움을 느꼈다. 플라워 학교에 다니는 동안 나의 불안감을 덜어 주었다. 낯선 곳을 가면 항상 사람들이 무서워서 경계하게 된다. 영국 물가가 높아 1인이 호텔에 장기간 묵는 데는 큰돈을 치러야 한다. 나는 며칠 찾아보고 이곳이 적당하다 싶어 여성 전용실을 택했다. 생활하는 동안 내 위층의 코 고는 여자 때문에 신경이 쓰이긴 했으나 짧게 있다 가서 다행이었다. 그곳에서 한국에서 여행 온 직장인 아가씨와도 만났다. 유학 마치고 여행하다 들어간다는 학생도 만났다. 다양한 사람들과의 추억은 작은 행복이었다.

한번은 한국에서 여행 온 직장인 여성과 같이 노팅힐에 갔다. 인파 속에서 거리 음식을 사 먹으며 즐거웠다. 같이 다니면서 20대의 이쁜 추억을 만들어 주고 싶어 사진을 많이 찍어 주기도 했다. 그녀는 회사를 그만두고 새 직장에 가기 전 혼자 여행을 왔다고 했다. 지금은 새 직장에서 열심히 일하고 있을 것이다. 젊은이들과 같이한 시간은 지금도 너무나 소중한 시간이었다. 먼저 누군가에게 도움이 되면 그들은 경계를 풀고 서로 도우려 한다. 한국에서는 조금 낯선 일상일지 모르지만 해외에서 서로의 관계가 더 끈끈해진다.

주고받는 관계에서 더 넓게 내가 베푼 친절이든 물질이든 모든 것은 다시 돌아온다. 누군가에게 받은 친절은 해외 생활하며 많은 정을 느끼게 해 주었다. 관계를 무시할 수 없다. 관계 속에서 모든 것이 이루어진다.

플라워 수업을 마무리하고 영국을 떠나며 진이 학생에게 뭔가 도움을 주고 싶었다. 선물을 사려다 쓰고 남은 파운드를 이탈리아 남자 친구와 점심을 사 먹으라며 손에 쥐여주고 왔다. 꼭 그녀의 친절을 갚은 것이라기보다는 주고 싶은 마음이 더 컸다. 모든 건 돌고 돈다. 우리의 마음이 저 멀리 가기도 하고 그 파장이 우리의 가슴을 열기도 한다.

나는 프랑스로 가는 비행기를 타고 일주일간 여행 계획을 잡고 떠났는데, 여행을 마치고 떠날 때 공항으로 가는 전철에서 구걸하는 모녀에게 잔돈과 얼마의 지폐를 다 털어주고 떠났다. 스페인으로 가는 길에 카드로 모든 게 결제가 된다는 정보를 들었고 쓸 일도 없고 해서 아무도 관심 없는 모녀에게 주고 떠난 것이다. 한 끼의 식사라도 행복하게 했길 기도했다.

이 끈이 스페인 여행 중 연결됨을 알고 깜짝 놀랐다. 스페인 도착 시 나는 전철 안에서 가방을 통째로 소매치기당한다. 온몸에 힘이 빠지고 넋이 나갔다. 숙소는 겨우 갔지만 여권, 카드, 소지품 등을 다 잃어버린 상태라 대책이 없었다. 다행히 핸드폰은 남아 있었다. 여기 오기 전 가우디 가이드를 신청한 게 생각나서 그분에게 나의 사정을 메시지로 보냈다. 그분은 내 맘을 훔쳐보셨는지 배고플 텐데 20만 원 상당의 돈을 가져다줄 테니 오후 5시에 만나자 했다. 폭풍 눈물이 흘렀다. 이 낯선 땅에서 저런 친절을 베푸시다니. 잠깐 영국에서 주고 온 돈이 생각나기도 했다.

그러나 이 모든 것은 계획해서 일어난 게 전혀 아니다. 일이 그냥 벌어진 것이다. 이타적인 마음은 많은 위기를 기회로 만들어 준다.

나는 바로셀로나 가이드님의 친절로 도움을 받고 스페인 여행을 무사히 할 수 있었다. 모든 걸 잊어 버리고 가고 싶은 피카소 미술관과 박물관 관람료를 쓰기 위해 걸어 다니며 여행했다. 그때 돈을 분배해 쓰느라 맛있는 빵 냄새와 음식 냄새를 외면하는 나는 처절하기까지 했다. 지금도 그때의 추억을 통해 한 푼 없이도 살 수는 있다고 생각해 본다. 리뷰를 정성 들여 작성해 드려야겠다고 생각했다. 우리 다시 만나 식사를 하자고 약속하고 스페인을 떠났다.

나는 이렇게 일어난 일들을 통해 확실히 우리는 연결되어 있다는 것을 더 굳게 믿게 되었다. 사건들이 일어난 곳에 사람들이 미리 준비된 것 같았다. 나를 사랑하는 만큼 상대를 본다면 그 파장은 분명 내게로 오고, 또 다른 누구에게 간다. 내 앞의 상대에게 내가 도울 수 있는 작은 친절이라도 베푼다면 모두가 연결됨을 알 수 있을 것이다. 부자는 혼자 될 수 없다. 누군가를 도우면 또 다른 도움이 우리 곁에 온다. 그들은 우리와 일하고 싶어 한다.

누군가에게 질문을 많이 하고 상대의 말에 귀를 기울인다면 배우기도 하고 도움을 줄 수 있는 관계로 발전한다. 받으려고 다가가기보다는 주려고 다가가는 삶은 길게 보면 우리에게 부와 행복을 가져다준다. 긴 여정 속에서 내가 겪은 기적들은 서로의 도움과 이타적인 마음 없이는 일어날 수 없었다. 부로 가는 길은 타인에게 무엇이 도움이 되나를 생각해보아야 한다. 그러면 저절로 부는 따라온다.

02

거절하는 것도 기술이다

나는 성장기 어머니의 삶에 영향을 많이 받았다. 구속하는 삶을 내게 투사하셨다. 학창 시절 이탈은 꿈도 못 꾸었다. 작은 거 하나도 허락을 받고 이런 나의 습관은 옷 하나를 내 맘대로 못 고르는 결정 장애로 이어졌다.

며칠 전 해외에서 돌아와 순천을 방문하면서 어머니에 대해 새로운 사실을 알게 되었다. 나는 지금 하고 싶은 그림도 그리고 가고 싶은 곳도 다니며 행복하다고 했다. 그 말이 떨어지게 무섭게 어머니는 10대 때의 당신이 살아온 인생을 풀어 놓으셨다. 어머니는 양장 디자인을 배우고 싶은데 완고하신 할머니의 반대를 꺾지 못해 좌절하셨단다. 나의 어머니는 자기 삶이 아닌 할머니의 삶을 살고 계셨다. 그 안의 작은 꿈마저 억압하고 사셨으니 얼마나 후회하고 자신을 미워했을까 생각했다.

당신의 삶을 딸에게도 어느덧 투사하고 계셨다. 왜 우리는 이런 것을 반복하고 살까? 내게 의문을 던지며 나는 이것을 찾기 위해 긴 여정을 떠나기로 결심했다. 나 또한 이 굴레를 못 벗어나서 긴 세월을 나를 책망하며 힘들게 살았기 때문이다.

나는 폴란드를 시작으로 완전히 나대로의 삶을 살게 됐다. 내가 없고 주변에 맞추는 삶은 나를 지치게 하고 결국 병들게도 했다. 어머니가 디자이너로서의 꿈을 못 펼친 것은 아마도 공포와 두려움이 더 크고 주변의 힘 빠지는 소리에 지쳐서 포기하셨기 때문일 것이다. 어머니의 이야기를 들으며 당신의 삶도 소중하고 가치가 있고 받을 자격이 있다고 말씀드렸다. 당신의 삶을 사랑하는 어머니가 되시라고 말씀드리고 왔다.

매일 우리는 정보의 홍수 속에 마음을 어디에 두지 못해 우왕좌왕하며 하루를 보내곤 한다. 나도 많은 정보에 끌려다니며 이것저것 물건들을 사고 사람들과의 대화가 모두 진실인 양 믿어버렸다. 많은 생각이 또 다른 문제를 만들며 바쁘게 지냈다. 검증되지 않은 삶에 휩쓸려 가는 무모한 행동을 멈추었다. 그러나 가끔 나의 에고는 정신없이 떠돌다 지쳐 있는 모습을 보이기도 한다. 지금은 나를 바라보며 시간을 두고 기다린다. 문제를 들여다보는 여유가 생겼다.

거절하는 것도 기술이라고 했던가? 나는 예전에 누군가의 부탁과 요구를 원활하게 거절하지 못했다. 그들이 나를 어떻게 생각할지 걱정도 되어 애써 무리하게 요구를 들어주려고 했다. 그러다 지치기를 반복했다. 이제는 '노'라고 말한다. 조바심으로 타인의 요구를 거절 못 하고 끌려갔던 일들은 결국 나를 병들게 했다. 여기저기서 하는 말에 내 정신이 혼란스러워 원치 않은 길을 가게 될 때도 있었다. 가고 보니 후회하며 타인에게 책임을 물을 수 없는 상황이 벌어진다. 인간관계의 괴로움이 시작된다. 서로의 갈등이 씨가 되어 고민하고 걱정을한다. 하루의 에너지를 소비하며 보내게 된다. 이 얼마나 많은 사람의 진이 빠지는 영양가 없는 삶인가? 그래서 현대인은 일보다 사람들과의 관계서 오는 과로가 더 힘든 것이다.

내 주도권을 남에게 주게 되면 그것에는 내가 원하지 않아도 따라가는 경우가 많다. 남의 배려도 있지만, 상대가 나의 뜻을 물으면 나의 의견을 소신껏 말하는 것도 좋다. 나는 작은 나의 의견을 상대에게 말하는 것부터 연습하기 시작했다.

거절 연습도 잘하면 서로가 피곤하지 않고 관계를 맺어 나갈 수 있다. 작은 거 하나도 남에게 선택이 넘어간다면 스스로 할 수 있는 게 없다. 자신의 결정도 누군가의 조언은 구할 수 있지만, 최종 결정은 본인이 해야 한다. 내가 이 일로 행복한가? 조금 더 생각해 볼까? 내게 질문을 던져 보자.

나에게 가장 안정적이고 평온한 상태의 결정은 남의 말에 덜 휘둘리고 가장 나답게 사는 삶이기도 하다. 나는 해외 생활을 하며 혼자 지내는 시간을 많이 가졌다. 혼자 커피숍에 앉아 가만히 밖의 풍경을 보며 자신을 더 바라보는 시간에는 마음이 정화되고 내 안의 복잡한 생각들이 정리되기도 했다. 가장 내가 행복한 시간이었던 것 같다. 산책하며 나무와 꽃을 보며 온전히 그것에 집중해 있으면 무릉도원이 따로 없었다.

혼자 보내며 마음을 평온하게 한 것은 살면서 상대의 압박에 내가 무너지지 않고 나로 사는 데 더 행복을 주었다. 가끔 거울을 보며 거울 명상을 하기도 한다. 거울 명상은 내게 큰 도움을 준다. 거울 앞에서 내 안의 나에게 말하고 누구에게도 못한 말을 쏟아 내면 금세 나의 얼굴에는 두 줄기의 뜨거운 눈물이 흐르며 정화되어 눈동자도 맑아짐을 느낀다. 속이 뻥 뚫리는 기분이 들고 잠시 마음이 차분히 가라앉으며 가벼워짐을 느낀다. 이 명상은 내가 고민하고 고통스러울 때 한다. 그러고 나면 얼마 지나 내 안의 화는 사라지고 모든 게 망상임을 알고 혼자 호탕하게 웃기도 한다.

타인에게 끌려가기보다는 내 안의 목소리를 듣고 간다면 이것은 내가 선택한 길이다. 이 길이 가다가 막혀도 후회보다는 나의 길이니 더 노력할 것이다. 진정한 본인의 삶이고 자신이 하고픈 삶이라 자존감 또한 높아진다고 본다. 자신의 선택은 책임도 자신에게 있다.

나는 지금은 어떤 누구에게도 나의 삶을 휘두르게 두지 않는다. 나의 삶은 내가 운전자이고 비교하며 남의 삶을 부러워하지도 않는다. 각자의 삶이 다르듯 그들의 삶도 존중 받을 권리가 있기 때문이다. 지금의 삶을 살면서 가끔 '조금 더 일찍 나로 사는 법을 알았더라면 지금의 나는 다르지 않을까?'라는 생각을 수도 없이 했다. 그러나 고통과 시련이 있어 깨우치고 깨어났을 것이다. 아무 걱정이 없었다면 무미건조한 삶을 살았을 것이다. 재미있고 화려한 내 인생은 없을 것이다.

우리가 원하는 삶과 하고 싶은 인생으로 살고 싶다면 당장 자신으로 돌아오라고 말하고 싶다. 지금 이 순간 자신을 먼저 사랑하고 자신에게 행복한 게 무엇인가를 찾아야 한다. 이 땅에 태어난 것은 남의 삶에 들러리로 살기 위해 온 것이 아니다. 각자의 인생은 소중하고 존중 받을 가치가 있는 것이다. 사랑받기 충분하다. 그래서 자신을 보고 자신이 원하는 일을 창조하고 살아야 한다. 누군가 자기 사랑은 이기적이라 하지만 내 안의 사랑이 없이 어찌 남에게 줄 수 있나? 남을 의식하지 않고 나의 삶을 작은 것부터 가꾸어 보자. 나는 내 삶을 살기로 선언한 뒤로 마음의 여유와 평온이 생겼다. 당신도 있는 그대로의 자신으로 살아라.

03

상상이 현실이 되는 순간

내가 자유를 외치게 된 계기가 있다. 이미 내 안에는 자유가 있었는데 내가 만든 한계에 갇혀 지냈다. 갈 수 있고 할 수 있는데도 할 수 없다고 생각하며 산 것이다. 갇힌 마음에서 탈출하지 못하고 산 것이다. 안정적으로 살 때도 매일 걱정을 하며 살았다. 없던 병도 만들게 되고 과도한 염려증은 살이 극도로 빠지게 했다. 내 안의 자유는 어디서 오는가?

자유를 외치며 해외 생활을 할 때, 내 안의 진정한 자유를 그때 누리게 되었다. 아무도 내 발목을 잡는 사람은 없었다. 내가 족쇄를 만들어 묶은 것이다. 자유는 누가 주는 것인가? 아무도 줄 수 없다. 바로 내가 선택하는 것이다. 항상 내 안에 있었다.

5년 전 혼자 미국에 가면서 내 안의 나를 해방하고 싶었다. 대니 교수님의 초청으로 가는 과정은 조금은 두려웠다. 인파 속에서 줄을 서는데 그중 가장 인상이 유한 미국 입국 심사원 앞에 골라 선 것이다. 질문을 기다리는데 나는 그를 똑바로 응시하며 휴가를 보내러 나의 친구 집에 놀러 왔다고 간단하게 말했다. 입국 심사원은 유쾌하게 즐겁게 지내라며 여권을 돌려주었다. 미국이라는 나라를 처음 가며 어찌나 진땀을 뺐는지 공항으로 나가는데 얼굴이 초췌해졌다. 출구로 나가는데 저쪽에서 나를 마중 나온 대니 가족이 보였다. 기쁨의 눈물이 가슴속에 흘렀다. 내가 로스앤젤레스에 오다니, 꿈인가 생시인가 싶었다.

미국이라는 땅을 밟고 가슴이 열리며 모든 아픔이 사라지는 듯했다. 대니 교수는 내가 필리핀에 있을 때 나와 같이 일한 비서가 소개해 준 분이다. 미국 국적의 교수이며 여러 나라를 다니면서 세미나를 하시는 분 정도로만 알고 있었다.

필리핀에 있을 때 대니 교수로부터 긴 메일이 왔다. 나의 필리핀 비서에게 내용을 알렸다. 그녀는 놀라며 "로즈, 대니 교수가 필리핀 대학으로 세미나 오시는데 우리를 초청했어"라고 말했다. 얼굴이 활짝 핀 그녀는 몹시 흥분한 상태였다. 몇 달 후 우리는 필리핀 국립대학에서 대니 교수를 처음 만나게 된다. 그는 호리호리한 체구에 동그란 뿔테 안경을 쓴 곱슬머리 미국 남자였다. 인자하신 얼굴에 미소를 지으며 나를 반갑게 맞아 주셨다. 얼마나 긴장했는지 진분홍 원피스는 이미 땀으로 약간 젖고 있었다. 제니가 통역을 해주어 안심이 되었다. 세미나가 끝나고 교수가 내게 "로즈, 미국으로 초대할게. 꼭 와"라고 말하고 헤어졌다. 나는 미국으로 가겠다는 생각을 시각화 했다. 그때도 이미 그곳에 간 나를 상상했다.

우리는 드디어 만났다. 어색할 줄 알았는데 항상 유쾌한 대니 교수는 이런 나를 안심시켜 주었다. 일주일간 대니 가족과 지내며 나는 한국 음식을 해주었다. 불고기, 미역국, 잡채 등 내가 해줄 수 있는 음식은 다 해주고 싶었다. 집은 3층 집인데 나는 대니 교수 어머니의 흔적이 있는 1층 방에서 지내게 되었다. 방을 둘러보는데 많은 유화가 벽면을 차지하고 있었다. 나중에 물어보니 어머니의 작품이라고 했다. 저 멀리 폴란드에서 13시간 정도를 날아 필리핀에서의 인연과 약속으로 미국 가정에 초대되어 온 것이다.

그날 그 방의 그림들이 나중에 내게 펼쳐질 끈이 될 줄 몰랐다. 한 가지 기절초풍할 일이 미국 여행 중 벌어진다. 하루는 대니 교수 식구들과 집 근처로 피크닉을 갔다. 가까운 거리에 관광객이 드문 곳으로 한참을 걸어 올라가는데 언덕 위에 전망대가 보인다. 그곳 안을 둘러보고 밖으로 나와 잔디 위에 앉아 사진 한 장을 찍었다. 전망대에서 할리우드를 바라보며 가슴이 잔잔해졌다. 여행을 마치고 몇 달 후 그 사진 속의 전망대가

낯이 익어 찾아보니 미국에 가기 전 시각화한 이름도 모르는 사진 속 장소였다. 온몸이 떨렸다. 상상했던 곳을 내 의지로 간 것도 아니고 교수님이 데려갔던 것이다. 대니 교수도 내가 시각화한 장소라는 걸 모른다. 깜짝 놀랄 일은 계속 벌어진다.

자유를 만끽하는 순간은 환희요, 행복이었다. 하루는 교수가 교통 카드를 주며 혼자 나갔다 오라고 했다. 이미 카드는 내 손에 있었다. 내가 여기 미국까지 왔는데 못할 게 무엇이 있나 싶어 용기를 냈다. 버스에서 바라보는 바깥 풍경은 신기했고 작은 내 가슴에 파장이 일고 있었다. 내려서 LA 거리로 가기 위해 전철을 타야 했다. 바닥에는 배우들의 사인과 발바닥, 손바닥 자국이 있다. 거리를 거닐며 이게 꿈인가? 내가 전에 시각화했던 거리인가? 생각했다. 몇 년 전 생각하고 상상한 곳이 펼쳐진 것이다.

가끔 할리우드 거리에서 찍은 사진을 보면 두려움을 뒤로하고 자유를 만끽하는 얼굴이 보인다. 얼마나 자유가 그리웠으면 무서움도 잊고 거리를 활보했을까? 할리우드 거리에도 핫한 장소가 있을 것 같았다. 한국인 한 분께 물어보니 바로 앞 건물로 들어가면 공짜로 뷰를 감상할 수 있는 타워가 있으니 가 보라고 귀띔을 해 주었다. 한참을 올라가니 호텔 로비 커피숍이 보였고 바깥 풍경을 보고 싶어 창가 쪽으로 갔다. 로스앤젤

레스시의 멋진 풍경이 나를 압도해 버렸다. 나의 작은 가슴에 함성과 함께 뜨거운 눈물이 흐르고 있었다. 나의 자유가 우주의 사랑을 받고 있다고 생각하니 따뜻한 기운이 나를 감싸는 듯했다. 과거와 현재가 실타래로 뭉쳐져 저 풍경 위로 떠다니고 내 마음은 그 위를 훨훨 날아가고 있었다. 나는 그곳에서 작은 다짐을 했다. 이젠 누구의 지시에 나를 묶어 두지 않을 것이며 한계를 두지 않을 것이다. 나의 운명 결정권을 내 손안에 꼭 쥐고 살겠다고 다짐했다.

대니 교수 가족과 간 그랜드캐니언도 내 생애에 잊지 못할 추억이다. 광활한 대자연의 신비에 가슴이 벅찼다. 이곳도 전에 시각화한 곳이다. 매일 자신을 가두고 누군가의 지시와 인정에 목말라서 주변의 의식에 따라가는지 점검해 보기 바란다. 나는 나의 가치를 믿고 타인의 희생양으로 살기를 멈추었기에 저 멀리 미국이라는 땅으로 나 홀로 떠났다. 상상이 현실이 되었다. 떠나기 전 좋은 곳을 더 보여 주려고 애쓰신 가족에게 감사를 표한다.

자유가 주는 기쁨은 이루 말할 수 없다. 상상이 현실이 되는 순간 온몸이 떨렸다. 많은 우주의 연결로 수많은 사람과 스치는 인연도 만들어 나갔다. 내가 나로 산다면, 내 안의 안내자에게 "내가 가장 행복한 게 뭘까?" 하고 질문을 던지고 간다면, 자유가 주는 행복을 누구든 만끽하며 살 수가 있다. 우리가 고민하는 모든 일들은 일어나지 않았다. 시간만 보내는 삶을 살고 있지 않은가 한 번쯤 점검해 보길 바란다. 우리가 생각하고 시각화한 것은 언젠가 꼭꼭 숨어 나타나는 것처럼 당신의 앞에 펼쳐질 것이다. 자신을 믿고 간다면 모든 것은 이루어진다. 상상한 것은 꼭 현실이 된다. 내 삶이 증명해 주었다.

04

남의 속도를 절대로 맞추지 마라

나는 영국 플라워 학교에 다닐 때 첫 수업이 매우 긴장되었다. 학교와의 거리는 걸어서 10분 정도이다. 영국에서 일을 마치며 결정된 것이었다. 늦은 나이보다 오직 걱정은 영어 수업에 대한 부담감뿐이었다. 불안감을 안고 갔다.

학교에 도착하여 올라가는데 곱슬의 노랑머리 백인 아가씨가 내게 먼저 인사를 하며 이름을 물었다. 인사를 하고 명찰을 받아 어색함과 함께 내 자리에 앉았다. 용기를 내 여기까지 왔는데 낯선 환경은 항상 어색함과 두려움을 주었다. 시간이 흐르면 아무 것도 아닌 것이 나를 힘들게 했다. 유학생, 디자이너, 화가 등 직업은 다양했다. 자기소개를 하는 시간에 나의 이름과 오게 된 과정을 짧게 영어로 했다. 첫 수업 중에 나는 '너무 늦은 나이라도 어때' 하며 위로하듯 최면을 걸었다. 수업 내내 영어를 다 알아들을 수 없다는 게 너무 안타까웠다. 수업 후 나는 옆자리에 앉은 중국인 학생이 필기한 걸 다시 적기도 했다.

내가 영어도 완벽하지 않은 상태에서 겁 없이 뛰어들었을까? 하는 후회도 잠시 했다. 그러나 지금 안 하면 언제 한다는 것인가? 이미 내 안의 목소리는 하기를 원해서 여기까지 온 거다. 나를 더 놀라게 한 것은 폴란드에 가기 전 나의 비전 보드에 꽃 그림의 플라워 강습이 있었다는 점이다. 간절한 생각이 지금 내 앞에 창조물로 펼쳐진 것이다.

사실 플라워 수업을 목적으로 영국에 온 것은 아니었다. 몇 개월의 영국 일이 지쳐가고 그만해야겠다고 결정을 내리자, 영국이 꽃으로 유명하다는데 플라워 수업을 받고 가면 좋겠다는 갑작스러운 생각에서 온 것이다. 우주가 펼쳐 놓은 길을 내가 걷고 있다는 느낌이 든다. 내가 수업을 듣는다고 했을 때 지인 중에는 '그 나이에 그거 배워서 뭐에 쓰게' 하며 부정적 말들을 늘어놓는 이도 있었다. 방해하는 말들은 나에게 아무 영향을 주진 못했다. 내면의 소리를 따라가기로 했다. 철저히 무시했다.

우리는 나이라는 한계를 의식하고 갇혀 산다. 나의 미래 모습인 멘토가 있다. 애나 메리 로버트슨 모지스 할머니다. 그녀는 미국인이 사랑하는 여류 화가다. 그녀는 학교 교육을 받지 못하고 가정부 일을 했으며 67세의 나이에 남편을 잃고 76세에 그림을 그리기 시작했다. 그녀 나이

100세에 세계적인 화가가 되었고 그녀는 한 번도 그림을 공부하지 않았 단다. 그녀가 아름다운 것은 그림 수입금은 사회에 환원하고 자신의 삶 을 사랑했기 때문이다. 자신이 좋아하는 것을 알았고 간절히 바라는 것 에는 늦은 나이가 없다. 지금도 꽃무늬 원피스에 올림머리를 하고 초원 에서 그림을 그리고 있는 모습은 내 핸드폰에 캡처 해두었다. 가끔 힘들 때 한 번씩 보며 꿈과 희망을 내려놓지 않는다. 그래서 모지스 할머니를 가슴에 간직하고 늦은 나이라지만 그림을 잠시 배웠고 영국 플라워 학교 에 다니게 되었다.

나는 자라면서 때가 있다고 배웠다. 맞다. 때가 있다. 그러나 그때가 지나도 내가 그쪽으로 눈이 가면 과감히 하는 것도 괜찮다고 본다. 때나 속도는 사람마다 다 다르고 내가 꼭 누구의 뒤를 따라가려고 애쓸 필요 는 없다. 배우는 것도 느리고 하는 것도 느리다. 그렇다고 무슨 큰일 일 이 일어났는가? 하나도 없었다. 오히려 도움 되고 득이 되는 것도 많았 다. 누굴 위해서 맞춰 줄 필요도 없다. 재촉하거나 뭐라고 잔소리를 늘어 놓으면 일을 그르치고 망쳐 버리는 일이 허다했다. 아마도 이런 것은 내 가 주변을 너무 살폈던 탓도 있었다. 지금은 주변에서 난리를 쳐도 나의 속도에 맞게 간다.

내가 이렇게 결정하고 늦은 나이에 과감히 시도한 것은 나로 있는 그대로의 삶을 존중했기에 가능했다. 이것은 이래서 안 되고 저것은 저래서 안 된다면, 외부의 환경에 내가 마음을 두고 살았다면, 선택하기 힘들었을 것이다.

나이와 국적을 떠나 서로 이해와 배려속에 수업을 받았다. 단체작업은 서로를 알아가는 즐거움을 주었다. 공동작품은 환상적이었다. 꽃을 보면 우리의 인생과 같다는 생각이 든다. 피고 지는 동안 화려함에 누군가에게 관심도 받았다. 말라서 비틀어지는 아픔도 있었을 것이고 시간이 지나면 죽는다는 것도 알고 있다. 플라워 수업을 받는 동안 내 아픔과 고통에 힐링이 되기도 했다. 일평생 만질 꽃을 그때 다 보고 체험한 듯하다. 아름다운 영국 꽃에 반했고 파스텔 색조의 아름다움과 자연적 멋에 매료되었다.

내 인생이 영국 플라워 학교까지 몰고 왔다. 한국에서 나는 그저 평범한 아줌마였다. 늦은 나이에 그들과 같이하고 있다. 수업 중 만든 꽃은 과일을 사기 위해 들른 슈퍼 점원에게 주기도 했다. 한번은 정류장에서 버스를 기다리는데 내 뒤 카페 창문 너머로 꽃병의 꽃이 시들어 보였다. 그래서 바로 카페에 들어가 시든 꽃을 보며 꽃다발을 건넸다. 그 순간을 생각하면 지금도 기분이 좋다. 여러 사람이 보고 하루가 행복하다면 꽃은 자체로 아름답다.

해외 생활을 하며 나의 느린 속도와 삶은 더 빛이 발하고 있었다. 수업은 시간에 쫓기지 않아서 좋았다. 내가 만든 작품의 생각을 존중해 주는 수업이었다. 울렁증 없이 수업 받게 되어 내게 맞는 수업이었다. 행복함 속에 꽃으로 작품을 할 때 마음도 편했고 평온이 내게로 왔다. 그때의 감동은 말로 표현할 수 없는 내게 준 사랑이었다. 나에게 무한한 사랑을 보낸 수업이었다.

영국에서 플라워 수업을 하며 누군가에게 주는 꽃도 중요하지만, 나만의 꽃이 주는 기쁨을 알기에 한국에 와서 꽃의 스킬을 가르치기보다 꽃속에 자신의 정체를 알고 온전히 자신을 위해 줄 꽃을 작업했다. 내면의 고통과 두려움을 다루는 수업을 하고 싶었다. 플라워 테라피를 진행하고 자신을 치유하는 시간에 중점을 두었다.

누구나 살면서 나처럼 때를 놓치기도 하고 환경이 그렇게 만들었다고 한탄하기도 한다. 누구 탓이라며 사람들과 모이는 자리에서 앵무새처럼 말하고 있을 것이다. 8년 전 나의 모습이기도 했다. 지금 일어나서 하지 않는다면 다람쥐 쳇바퀴 돌듯 살며 세월은 흐를 것이다. 우리는 뭔가를 할 때 이유가 많다. 버려야 할 것도 많다. 그러나 가만히 자신을 보고 있으면 자신이 원하는 게 보일 것이다. 가장 행복한 것을 하면 된다. 내 안에 거인이 기거하고 있으니 조용히 대화를 해 보아라. "너는 무엇을 하고 싶니?"라고 계속 질문을 해라. 늦을 때란 없다. 주어진 것은 지금뿐이다. 우리에게 주어진 시간이 있고 생의 마지막 날은 누구에게나 주어진다. 더 늦기 전에 작은 것부터 천천히 첫발을 힘차게 내디뎌 보자. 남의 속도에 맞추는 바보가 되지 마라.

05

실패가 성공의 디딤돌이 되다

살얼음판을 걷는 아버지의 사업을 보며 살아왔는데 내가 그걸 또 보고 있는 사람이 되었다. 사업은 잘될 때는 떼돈을 벌어 이 세상이 다 내 것이 되는 것 같다. 그때는 남편 사업이 잘 돌아가고 있어서 아이의 캐나다 유학도 무리 없이 준비했다.

사업은 투자를 안 하고서는 밀고 나갈 수가 없다. 그래서 신기술 업데이트 비용이 날이 갈수록 커지고 들어오는 돈이 작아지면서 뭔가 잘못 가고 있음을 감지하게 되었다. 어느 날 감당할 수 없게 되자 건물과 집들을 정리하고 어머니 집 상가 건물로 이사를 하게 된다. 나는 누구에게도 털어놓을 수 없어서 속으로 차곡차곡 화 덩어리를 쌓고 있었다.

방에서 일주일간 나가지 않고 누워 있는 날을 반복하며 멍하게 하루를 보냈다. 심하게 몸살을 앓기도 하고 한여름에 두꺼운 이불 속에서 땀을 흘리며 몸이 망가져 가는 줄도 모르고 있었다. 몸이 허약해지면서 열병을 반복해서 앓았다. 내가 지금까지 무엇을 위해 살았지? 나는 지금 어디에 있지? 누워 있으면서 천장을 바라보며 동그라미 원을 그리듯 맴돌았다. 생각을 해 보니 나를 생각하며 산 게 아니고 세상의 들러리로 산 것이다. 두 눈에서 흐른 뜨거운 눈물이 귀를 타고 베개를 적시고 있었다. 내 안의 소리를 무시했다. 듣기 싫은 소리 안 듣고 싶어 긍정적으로 살라는 주변의 소리를 따라갔다.

나는 정리 정돈을 잘하고, 깔끔하게 집을 정돈하고 이쁜 그릇에 맛있는 음식을 담아 먹는 걸 좋아했다. 그러나 나의 삶은 서서히 망가져 가고 있음을 느낀다. 화장실이며 거실이 폐허가 된 집을 보는 듯 써늘하게 느껴졌다. 어디부터 정리해야 할지 엄두도 안 나고 가끔 어머니가 오셔서 청소를 하고 냉장고에 먹을 것을 채워 주고 가셨다.

무너져 내린 생활에 우선 나부터 추슬러야겠다고 생각했다. 주변에 아무것도 안 보였다. 오직 나만 보였다. 나를 위해 지금 무엇을 해 볼까였다. 그래서 밖으로 나가기 시작했다. 그동안 집에만 있어서 외부 세상과 단절하고 살았다. 나가 보니 활기찬 거리의 모습도 내게는 생기를 주었다. 세상 사람들 사이 나를 보았다. 저들과 크게 다를 게 없었다. 그들에게도 희로애락이 있을 것이다.

하루는 집에 있는데 많은 물건들이 눈에 거슬렸다. 마음이 허하고 힘들 때 쇼핑했던 옷들과 물건들이 다 쓰레기로 보였다. 내가 저 쓰레기들을 사서 모았다는게 한심했다. 옷장의 옷들은 무너져 내릴 정도였다. 한 번도 입지 않은 옷들부터 물건들이 너무 많았다. 나는 물건들을 하나씩 정리해 가며 방부터 치우기 시작했다. 그러고 나니 마음이 편해지면서 책장의 책들이 눈에 들어왔다. 책도 오래되거나 불필요한 것들은 상자에 담아 정리를 하게 되었다.

이제는 소비도 생각 없이 할 수 없었다. 어느 날 백화점의 마네킹이 입은 옷을 외면하고 누워 있는 세일 옷을 보고 있는 내 모습에 변해감을 알게 되었다. 그래도 한편으로는 감사했다. 내게 얼마간은 풍요를 즐길 수 있었다는 게 말이다. 있을 때 베풀고 살았다고 생각하니 위안이 된다. 더 많은 풍요가 밀려와 베풀며 살고 싶다.

막막하고 앞이 안 보이는 긴 터널을 가려니 겁도 나고 고통이었다. 고통이 나 자신을 바라보게 했고 인생의 다른 면을 보고 살게 했다. 고통과 지독하게 싸웠던 그날이 있기에 나를 찾는 여정을 떠난 것이다. 주변에서 부정적 생각들을 주입해도 처절히 뒤로하고 내 길을 갔다.

나는 무엇보다도 과거의 고통마저 사랑하게 되었다. 그것도 나의 삶이고 지금의 나를 만든 것이기 때문이다. 그 당시 어두컴컴한 굴 속에서 헤매고 있을 때는 몰랐다. 그 시간을 부정하고 싶었고 하루빨리 벗어나길 바랄 뿐이었다. 그 시간이 얼마나 살이 찢어지듯 고통스러웠는지 모른다. 원망과 미움이 도사리고 있는 마음은 더 늪으로 빠지고 있었기 때문이다.

인생의 전환점은 기쁜 일일 수도 있고 슬픈 일일 수도 있다. 어느 것이든 우리에게 오는 것을 막거나 저항하거나 억압해 버린다. 문제가 생길 때는 온몸이 오싹할 정도로 당황하며 받게 된다. 지금은 부정적인 게 오더라도 충분히 느끼고 환영하며 용서하며 맞이한다. 고통 받는 시간이 짧아지고 힘이 덜 든다는 걸 알게 되었다.

어느 날은 "왜 내게 이런 일이 일어났지?" 질문을 던져 보면 올 게 온 것뿐이라고 생각하게 된다. 조용히 온 문제에 대해 시간을 두고 기다리기도 하고 아닌 건 보내기도 했다. 사업 실패로 인해 내게 많은 변화가 일어났다.

누구도 원망하거나 미워하지 않는다. 그때 그들은 최선을 다했을 것이고 그때는 그럴 수밖에 없었다고 생각하니 사람과의 관계도 실타래 풀리듯 풀려갔다. 시간을 두고 기다리면 모든 게 제 위치로 오고 문제가 될

게 하나도 없다. 모든 문제는 문제가 있다고 믿을 때 문제들을 만들었다. 우리에게 문제가 있을 때 문제에 집중해 밤을 새우고 남은 건 무엇이었나? 더 문제를 만들지 않았나? 내 경우도 그랬다. 오만 잡생각은 또 다른 생각을 낳고 그게 사실인 양 믿어 버린다.

고통은 부정적 생각을 믿기 때문에 발생한다. 나는 지금 현실을 사랑한다. 내가 영적인 사람이어서가 아니라 현실과 다투면 나 자신이 괴롭기 때문이다. 고통도 사랑하며 현실과의 다툼을 끝내기로 했다. 검증되지 않은 진실들을 왜 믿고 괴로워해야 하나? 모두가 아직도 그 믿음 속에서 헤어 나오지 못하고 있다. 내가 깨어나듯이 당신들도 깨어날 수 있다. 누군가 부정적 말을 퍼붓는다면 "그게 진실인가요?"라고 물어보아라. 나는 "그런가요?"라고 간단하게 말해 버린다. 각자의 우리 인생은 물감을 풀어 놓은 듯 어떤 그림이 될지 아무도 모른다. 인생이 다하는 날까지 아름답게 살 권리가 있다. 실패는 걸림돌이 아니고 디딤돌이다. 디딤돌을 밟고 앞으로 쭉 나아가면 된다. 아무도 당신을 맘대로 할 사람은 없다. 실패가 오고 지루한 나날이 오더라도 계속 나아가라.

06

책 속에 숨겨진 인생의 열쇠

나는 책을 좋아하는 소녀였다. 그러나 결혼하고 나서는 책을 접할 시간을 잊어버리고 살았다. 어느 날 이렇게 살아서는 안 되겠다 싶어 10년 전부터 책을 읽고 기록하기 시작했다. 누군가 책을 읽으면 변한다고 했다. 나는 실감이 나지 않았다. 그래도 미친 듯이 한번 읽어 보자 했다. 독서 모임에 다니며 독서 지도도 해 보았다. 습관은 이렇게 시작된다.

책은 내게 큰 선물을 주었다. 가장 힘들고 고통스러울 때 더욱 책에 매달렸다. 큰돈을 들이지 않고 수천 년 전의 작가와 대화할 수 있고 내가 간접 경험을 할 수 있다. 작가와 직접 만나기도 하며 나의 변화를 지켜보고 있었다. 나는 책 속의 내용에서 저자가 되어 내 생각을 담아 쓰게 되었다. 블로그 글 쓰기부터 시작했다. 마음을 글로 표현하기 시작한 것이다. 글을 쓰면서 마음속도 정리되었다.

책은 두려움으로 도전하지 못할 때 내게 강한 힘을 주기도 했다. 매일 책을 읽으며 부자에 관한 책도 읽었다. 그러나 이것은 지금 내게 필요한 게 아니었다. 내 마음의 상처를 치유하는 게 순서인 것을 알게 되었다. 루이스 L. 헤이의 『치유』는 나를 바꾼 인생 책이다. 이 책을 너무 읽어 겉 표지가 너덜댈 때까지 읽었다. 울면서 읽기도 하고 졸면서도 읽었다. 단돈 2만 원도 안 되는 책이 나의 마음을 치유하고 내가 20여 개국을 돌게 하는 용기와 기적을 주었다.

이 책은 폴란드에 있으면서도 힘들고 외로울 때마다 읽었다. 누구나 인생 책이 있을 것이다. 나는 아들에게도 선물해 주었다. 힘들 때 이 책을 펼쳐 보라고 건네주었다. 내가 모르는 아이의 아픔이 있을 것이다. 누구에게 말 못 한 자기만의 상처도 있을 것이다. 내가 이 세상에 없을 때도 누구의 위안을 받기보다는 이 책 먼저 펴보라고 말했다. 여러 마음 관련 책들의 통합체라고 말해도 과언이 아니다.

나는 지금도 매일 독서를 30분 이상 하고 해외여행 가서도 호텔에서 종이책을 읽는다. 종이책은 넘기는 묘한 기분이 있고 책 밑에 메모도 기록할 수 있어 좋다. 나의 손때가 묻은 자국이 좋고 소장하는 기쁨도 있다. 책을 많이 사다 보니 쌓이고 집 안에 책이 짐이 되기도 해서 지금은 전자책을 병용하게 되었다. 해외에서 일할 때는 어렵게 한국으로 출장

가는 편에 부탁하여 받아 읽곤 했다. 읽고 싶은 책이 있으면 애인 기다리는 듯한 설렘도 있었다. 일이 없는 주말에는 책 한 권을 가방에 넣고 파크에서 읽으며 하늘을 보고 있노라면 고요함이 주는 행복을 만끽했다. 책을 읽는 습관은 내가 변화할 수 있는 가장 큰 영향을 주었다.

지금도 가끔 카페에서 책을 펼쳐서 읽는 젊은 사람들을 보면 한 번 더 쳐다보며 미소를 짓게 된다. 책 한 권이 인생에 얼마나 변화를 주느냐고 말하는 사람들도 있다. 내가 그랬다. 시간이 지나 여기까지 오니 먼저 경험자들의 말이 맞았다. 사람들은 책을 읽어도 변화가 없다며 불평을 늘어놓기도 한다. 나는 책을 읽고 좋은 글귀는 밑줄을 친다. 내가 실천할 게 뭘까 생각해 보기도 했다. 내가 작가가 되어 행동을 해 보기도 한다. 우리 모두의 고통과 힘든 건 자신을 바로 바라보지 못하고 자신을 있는 그대로 사랑하지 않는 데서 시작한다고 했다. 나는 매일 "나는 나를 사랑해."라고 소리 내 말하며 실천해 나갔다. 어떤 날은 눈물이 펑펑 쏟아지기도 했다. 나를 관찰하는 시간을 가지면서 진흙탕 속 나와의 싸움에서 빠져나올 수 있었다.

지식만 쌓고 지혜가 없는 책 읽기는 우리에게 의미가 없다. 지식은 요즘 어디서든 핸드폰을 누르면 자세히 나왔다. 하루도 몇 번을 검색해 볼 것이다. 정보의 홍수가 우리를 다 로봇으로 만들어 간다. 책을 읽고 생각할 시간마저 없다고 한다. 많은 정보는 우리를 더 바쁘게 한다. 바쁜 현대인들은 죽는 날까지 바쁘게 살다 간다.

전철안에서 사람들은 대부분 핸드폰을 보고 있다. 간혹 책을 읽는 사람들이 외계인으로 보일 정도다. 사람과 마주하며 대화 속에서도 핸드폰을 보는 사람들이 많다. 핸드폰을 안 보고 상대의 말에 집중하려고 한다. 누군가 대화를 해도 핸드폰을 만지작거리다 보니 상대가 무슨 말을 했는지도 모른다. 개인인 자신에게 맞춰진 삶은 경청이 어려운 것이다. 이러다 보니 책을 한 권 읽기란 매우 어려운 것이 된 것이다. 폴란드 공원에서 책을 읽은 후 피자 한 판 사 먹고 오는 길은 행복했다. 오늘도 헛되게 보내지 않은 나를 칭찬하고 살아가는 데 지혜를 얻은 시간에 감사했다.

한 권의 책을 읽는 데 두 달이 걸리기도 했는데, 이렇게 나와 약속을 했기 때문에 진도를 나갈 수 있었고 책을 읽는 속도도 붙었다. 우리는 왜 책을 읽어야 하나? 나는 책을 통해 자신을 찾고 내 안의 거인을 꺼내서 용기라는 도구로 내가 할 수 있는 자신감과 자존감을 찾았다고 말하고 싶다. 나는 아들에게 바라는 것은 하나도 없다. 다만 책을 읽었으면 좋겠다고 했다. 나는 아들에게 모든 걸 줄 수 있는 완벽한 엄마가 아니다. 내 인생에 펼쳐진 기적 같은 일들로 책이 주는 힘을 알기에 조금이라도 젊을 때 책을 접하면서 살길 바랐다.

우리에게는 때가 있다고 한다. 때란 그 사람의 마음이 움직여지는 시점이라 할 수 있다. 그때 심금을 울려 가슴에 전해지는 것이다. 책을 읽다 보면 자신에게 질문을 많이 던지게 된다. 나는 요즘 '나에게 행복한 건 뭘까?'라는 질문을 많이 하며 나 자신으로 돌아간다. 외부에서 인정받으려는 욕구를 소멸해 준다. 남의 삶에 들러리로 살고 남의 잣대에 휘둘리고 살면 지친 나는 행복하지 않기 때문이다. 부정적 생각을 안 하려 애쓰기보다는 지금 이대로의 내가 좋다고 선언하는 게 더 낫다.

매일 아침 책 읽는 습관 들여 보아라. 당신의 삶이 바뀔 것이다. 저절로 변화된 당신의 모습을 보고 기쁨의 눈물을 흘리게 될 것이다. 이것은 큰돈 드는 것도 아니고 누구나 할 수 있다. 한국에 들어와서 나는 매일 블로그를 쓰고 책 읽고 있다. 우리가 어떤 길이든 마음속에 품었다면 미쳐도 될 듯하다. 미친 듯이 한다는 그것은 앞에 길이 안 보일지 모르지만 하나하나가 모여 나중에는 거대한 산이 된다. 유명한 저자와 성공한 사람들도 처음부터 다 잘한 것은 아니다. 책 속에 담긴 그들의 이야기를 들으면 다 우리에게 일어날 뻔한 일들이다. 나는 책 속에서 깨달은 점을 읽고만 끝나는 게 아니고 실천하며 꾸준히 행하는 게 답이라는 걸 알고 있다. 책을 읽는 것이 성공하고 싶은 열망도 있지만 풍요로운 삶을 열어 준다는 걸 우리는 알고 있다. 책 속에 인생을 여는 열쇠가 있다. 읽고 싶은 책 한 권부터 시작해 보라.

07

자기 사랑은 완전한 행복이다

우리는 사랑받기 위해 이 땅에 태어났다. 외부에서 찾으려고 힘을 가하고 받고 싶어 찾아 나선다. 나도 누군가에게 사랑받기 위해 포장도 하고 애썼던 기억이 있다. 인정받기 위해 처절하게 집착한 기억이 당신은 없는가? 그들도 주려고 해도 사랑이 없다. 없는 사랑을 서로 달라고 매달리니 그 속에서 얼마나 처절하게 싸웠는가?

버림을 받을까 봐 두려운 마음도 고통이 되어 얼마나 피하고 살았는가? 무시당하는 고통을 피하려고 상대가 원하는 결정에 빠져 버리기도 한다. 나 또한 사람들의 인정을 갈구하고 살았다. 우리는 가진 물건과 옷으로 꾸며 남에게 잘 보이느라 일평생을 살아간다 해도 맞을 것이다. 나를 모르고 내면의 고통을 간직한 채 남에게 보이고 싶지 않은 것에 집중하고 살았다.

나는 내 안의 고통을 피하면서 외부에서 사랑을 찾았다. 누가 내게 무조건적 사랑을 줄 것인가?. 준다 해도 항상 부족하다고 생각했다. 내 안의 가시를 안고 사니 얼마나 힘들고 고달팠을까? 이 세상 경험하며 내가 깨닫지 못해 힘든 세상을 이제는 내려놓기로 한다. 상처와 부끄러움, 실패와 실수도 모두 소중하게 받아들이고 사랑하기로 한 뒤로 내 안의 가시 같은 고통이 사라졌다. 내 안의 부정적인 모든 것을 수용하고 긍정적인 시각으로 보기로 했다.

긍정적이어야 한다고 수많은 책속에 가르침이 있다. 하루도 여러 번 부정성이 올라오는 걸 억압하니 시도 때도 없이 우리를 힘들게 했다. 아니타 무르자니의 『그리고 모든 것이 변했다』에서는 "내 안의 실망, 좌절, 고통, 슬픔 모든 감정을 있는 그대로 포용해야 한다."고 말한다. 늘 긍정적으로 살려고 미소를 지으며 부정적인 감정을 억누르고 살다가 두려움이 안착하고 작가는 암에 걸렸다고 했다. 부정성보다는 자기를 사랑하지 않는 데서 암에 걸렸다고 강조하였다.

우리 자신으로 살 때 자신을 더 소중하게 여기게 되고 기쁘게 살게 되어 남의 눈치도 점점 안 보게 되는 삶을 살게 된다. 나는 이 깨달음을 알고 하늘을 날아가는 듯 허물을 벗었다. 내 안에 사랑이 가득 차 있음을 알게 되었다. 이제는 외부에서 사랑을 구걸하지 않으며 지금 있는 그대로 나를 수용하기 때문에 두려울 게 없다. 몸으로 다 느끼고 내가 지금 있는 나를 사랑하게 된 것이다. 너무나 값진 깨우침이다. 우리가 하는 생각이 미래를 만든다는 말도 많이 들어 보았을 것이다. 처음에는 이 말도 정리가 안 되어 부정성을 억누르고 긍정성만을 외쳤다. 내 감정에 솔직하지 못한 것이다. 조금 더 솔직해지고 자신을 바로 바라보면서 자신의 요동치던 마음을 보고 평온을 찾게 된다.

나는 부족하고 뛰어나지 못하다고 생각했다. 도대체 이것은 누구의 기준인가? 나를 표현하는 데 익숙하지 못한 감정은 결국 내 안에서 변화를 방해하고 있었다. 나를 인정하고 받아들이면서 인생의 기적이 일어난다. 몸에 날개가 달린 것이다. 없었던 자존감이 생기고 내 생각들을 존중하게 된다. 우리 안에 사랑과 존중이 생기고 상대에게 내 안의 것을 투사하게 된다.

루이스 L. 헤이 작가는 끊임없이 나를 사랑하라고 한다. 사랑이 기적이 되어 돌아온다고 했다. 나는 이 말을 믿는다. 나를 사랑하기 위해 어떻게 해야 하나? 내게 가치 있는 일에 내가 집중하고 나를 비판하지 않으며 내 몸을 함부로 하지 않고 나의 가치를 내가 정한다. 나는 모든 에너지를 나를 사랑하는 데 쓰고 살겠다고 다짐했다. 내가 나를 존중하면 남도 나를 존중해 준다. 자신을 사랑하여 가득 찬 사랑을 주변에 나눠 주며 살면 된다.

우리가 유일하게 조정할 수 있는 것은 우리의 생각이다. 내 마음의 주인은 나다. 누구도 나의 허락 없이 조정할 수 없다. 모든 두려움을 던져 버리고 나를 그동안 가두었던 마음의 족쇄를 풀어 버린다. 나는 과거에 묶여 나오질 못하고 나를 힘들게 하는 시간이 많았다. 주변인과 만나도 과거 이야기를 하며 위로 받고 싶은 마음이 컸다. 돌아가는 길은 더 무거웠다. 내가 무슨 이야기를 지껄였지? 하며 겁이 나기도 했다. 관계의 두려움은 나를 있는 그대로 바라보면서 서서히 사라졌다. 과거 이야기도 줄어들었다. 지금 이 순간을 말하게 되었다. 과거는 지금 없고, 지금 이 순간도 찰나다. 순간을 살지 못하고 힘든 시간을 보낸 내게 사랑을 주고 싶다. 이제 그만하라고 말했다.

살면서 고정관념에서 벗어나지 못했다. 잠재의식 속에 저장된 신념은 우리의 본연의 모습을 못 찾고 헤매게 했다. 여러 영적 스승도 고통과 암과 질병에서 깨닫게 되어 남은 생은 아픔이 없는 세상을 살다 갔다. 이 깨달음도 모르고 죽을 때까지 힘겹게 두려움에 떨다 가는 사람도 있다. 깨닫는 과정에 있어서 너무나 감사하게 생각하고 있다.

누군가가 내게 선물을 주거나 음식을 대접할 때는 나는 감사히 받는다. 내게 주는 사랑으로 받아들이고 주는 베풂은 내가 또 다른 누군가에게 베풀면 된다. 전에는 누군가의 베풂이 부담으로 다가왔다, 이것은 내가 받을 자격이 없다고 생각하는 데서 온 것이다. 나는 받을 자격이 있다고 생각하고 받으니, 모든 것을 사랑으로 축복하게 되었다. 내안의 사랑이 넘쳐 흘러 줄수있어 기쁘다. 내게 이렇게 사랑이 있는 줄 모르고 남의 부와 명성을 질투했다. 이제는 누군가의 행운에 축복을 보내고 진심으로 축하를 해 준다. 이 우주는 우리가 하나임을 알고 있다.

의식이 확장되고 우주의 모든 사람과 연결됨을 일상에서 많이 느끼곤 한다. 아는 지인이 행사를 도와 달라고 부탁했다. 그곳에서 눈에 띄는 스카프를 내 목에 두르고 일을 했다. 그때 스카프는 다시 내려놓고 왔기에 까맣게 잊고 있었다. 며칠 전 지인이 작은 상자를 하나 건네 주었다. 나는 집에 와서 깜짝 놀랐다. 내가 좋아했던 그 스카프다. 이게 무엇으로 설명이 될까? 모든 우주의 에너지에 우리는 연결 되어 있음을 알 수 있다. 자기 사랑은 온 우주의 우리를 연결하여 원하는 것을 끌어당긴다. 자기 사랑은 내게 넘치도록 많은 행복을 안겨주었다.

고통을 뽑아 버리고 그 자리에 나의 사랑을 채웠다. 우리는 할 수 있는 게 많고 어디든 갈 수 있고 우리가 보는 세상은 사랑으로 가득 차 있다. 미숙하고 실수투성이인 나, 그래도 나는 있는 그대로 사랑하고 받아들인다. 자기 사랑은 많은 행복과 기적을 부른다. 자기 사랑은 남 눈치도 보지 않는다. 삶을 위해 꼭 실행해 보기 바란다. 매직처럼 인생이 풀려 나간다.

4장

아무것도 하지 않은
사람에겐 행운이
찾아오지 않는다

01

생각하면 될 일은 된다

나는 8년간 일어난 일들에서 많은 기적을 경험했다. 내가 거부하고 저항했으면 지금의 나는 제자리에 있었을 것이다. 모든 것에 저항이 사라지면서부터 해외로 나가는 길이 열렸다. 안내된 길로 저항 없이 갈 뿐이었다. 내가 간절하게 원했던 곳으로 가게되었다.

나는 힘들 때 꿈을 가지게 된 계기가 있다. 우연한 기회에 방송국에 가서 그녀를 만났다. 나중에 알고 보니 그녀는 나와 같은 시기 대학에 다닐 무렵 파리 유학을 다녀왔다. 그 시기 부잣집이 아니면 꿈도 못 꾸었을 일이다. 가끔 프랑스 파리 이야기를 할 때면 나는 그곳에 이미 갔다고 생각이 들 정도로 이야기를 재밌게 하곤 했다. 나의 버킷리스트에 '파리 에펠탑에서 샴페인 들고 인증 사진 찍는다'고 적어 두었다. 내 마음속 열망은 내 주변의 작은 것부터 시작되었다.

버킷리스트에 기록된 파리행은 한국에 들어오기 전 실현되었다. 영국에서 플라워 학교을 마치고 10일간의 파리 여행 계획을 세우고 떠났다. '와, 드디어 오다니' 마음속으로 함성을 질렀다. 나는 호텔에 짐을 두고 지하철로 20분을 이동해 에펠탑이 있는 곳으로 갔다. 나는 에펠탑을 본 순간 온몸이 굳어 버릴 정도 흥분했다. 가던 길을 멈추고 찬란하게 빛나는 광경을 보고 뜨거운 눈물을 흘렸다. 이곳에 온 나의 살을 꼬집어 보고 싶을 정도로 기쁨으로 가슴 벅찼다. 인생 최고의 장면을 찍기 위해 샴페인을 사려고 했는데 이곳에서 주류는 안 판다고 한다. 샴페인 든 모습의 사진은 버킷리스트에 있는 장면이다.

나는 샴페인이 없는 아쉬움 속에 사진을 부탁하려고 뒤를 돌아보는데 남미의 두 남녀가 샴페인을 들고 사진을 찍고 있는 게 아닌가? 아 이것은 내게 온 행운임을 직감했다. 나는 "내 인생 최고의 장면을 찍기 위해 샴페인이 필요해요. 잠깐 빌려 줄 수 있나요?"라고 정중히 물었다. 말이 끝나자마자 샴페인을 건네며 자기가 찍어 주겠다고 친절을 베풀어 주었다. 시골 마을 같은 조용하고 아름다워 도시 파리. 갤러리를 하루 종일 둘러보고 행복했던 날들. 이 모두는 상상화하고 품고 있던 시각화였다. 생각이 현실이 되는 순간이다. 몇 년 전 리스트를 보며 파리에 눈이 멈추었을 때 '내가 여길 언제 어떻게 갈까?' 하고 막막해 했던 기억이 있다. 그 당시는 연관성이라고는 찾을 수가 없었다. 파리는 내게 마음에서 아주 먼 곳이었다. 지금도 버킷리스트를 진행하고 있다. 이루어지는 꿈에 깜짝 놀라게 된다. 생각하면 될 일은 된다.

행운은 생각하고 꿈을 꾸는 자의 것이다. 내게 온 행운을 살펴보면 연관성 있는 것들이 이미 내 앞에 나타나 있었다. 생각이 물질을 창조함을 몸소 느낀 것이다. 그 당시는 막막하고 아무것도 안 보였다. 내가 그것을 집착하고 계속 생각해서 했다면 애써서 가는 거라 매우 힘들었을 것이다. 삶이 인도하고 펼쳐진 그곳으로 가면 그곳에 간절히 바라는 것이 하나씩 놓여 있었다. 계획을 세우고 시각화를 꾸준히 했다. 지금도 매년 마지막 날 나는 하고 싶은 일들을 사진으로 찍어 핸드폰에 저장해 둔다. 이것은 매우 강력하게 나를 사진 속의 그곳으로 데려다준다. 내가 내 인생의 주인이 되어 지구는 나를 중심으로 돈다고 생각했다. 다른 사람의 삶이 아닌 나대로 산다면 모든 행운이 그때를 맞추어 내게로 오고 있음을 몇 가지 경험에서 소름 끼칠 정도로 느꼈다. 행운이 내 앞에 있을 때는 당연하다고 생각한다. 이미 내가 생각한 것이 왔다고 믿기 때문이다.

모든 선택에 있어 '내가 행복한가?'를 내면의 자아에게 묻는다. 이렇게 한 결정은 언제나 수호신이 나타나 나를 도와주었다. 편안한 마음과 차분한 가운데 내린 결정에 따라가다 보면 같은 것을 끌어당긴다. 실패하더라도 책임은 나에게 있으며 누구의 탓을 하지 않았다. 인내하며 절망이 와도 감수했다.

아무것도 하지 않으면 아무 일이 일어나지 않는다. 현실에 안주하는 삶을 사는 사람도 있지만 그러기에는 인생이 길고 시간의 지배자가 될 수 없다. 이제 우리는 익숙한 것과 결별할 때이다. 과거에 믿어 온 것들을 던져 버릴 때다. 나는 과거와 결별하고 살기로 한 뒤로 인생에 많은 변화와 행운이 왔다. 행운도 무엇이든지 해야 오지 않겠는가?

어떻게 하면 우리는 하고픈 걸 하고 살까? 과거의 틀을 벗어나 새로운 것을 경험한 데서 온다. 저 멀리 파리로 데려간 연관된 것을 경험하고 그 속에서 창조한 결과물이다. 경험이 없다면 모든 것은 일어나지 않는다. 진정으로 변하고 싶다면 지금까지 전부라고 생각한 것을 내려놓아야 한다.

우리는 목표가 때로는 산에 가깝다고 느낄 때가 있다. 가기도 전에 포기하기도 한다. 거대한 목표는 이루기에 시간이 걸린다고 생각된다면 잠시 두고 중요한 그것부터 발을 들여놓아라. 미래의 자신을 이끌지 못하는 일은 덜 중요한 목표이다. 이것은 우리의 시간과 에너지를 잡아먹는다. 자신의 가치에 집중하라. 작은 습관부터 하나씩 하면 언젠가는 자신의 목표에 도달한다.

글을 쓰기 위해 매일 책을 읽고 블로그 글을 쓰기 시작했고, 파리라는 나라에 가기 위해 일로 폴란드를 먼저 갔다. 모든 게 연결되어 있어 동시성이 벌어진다. 막막하고 어떻게 해야 할지 생각나지 않을 때는 화장실 청소부터 하라고 했다. 청소하다 보면 생각날 것이고 뜻밖의 아이디어도 나온다. 시작하는 행동은 다른 파장을 주어 우리의 꿈에 가까이 가기도 한다. 우리의 행동은 두 가지로 나뉜다고 한다. 벤저민 하디저는 『퓨쳐 셀프』에서 "미래에 당신이 갚아야 할 비용 아니면 미래의 당신에 대한 투자이다."라고 했다. 소소한 나의 행동이 나를 빚더미에 앉힌다고 한다. 나를 위한 투자는 쌓이고 쌓여 복리를 안겨다 준다. 나는 복리를 안겨주는 행동을 하고 있나? 나는 미래의 나에게 투자하고 있었다.

품고 있는 행운이 따라 주면 누구나 삶이 술술 풀릴 것이다. 그러나 그 행운을 몰라보고 아무것도 시도를 안 한다면 그 행운의 신은 그냥 스쳐지나가 버릴 것이다. 미래의 내가 행운을 잡기 위해 우리는 준비하고 연습해야 한다. 포기만 하지 않는다면 행운의 여신이 내게 온다. 나는 20여 개국을 돌면서 수많은 경험을 하며 행운이 나와 함께했음을 알게 되었다. 생각하고 상상하면 창조물은 내 앞에 놓인다. 그리고 바로 행동해라. 될 일은 된다.

02

행운은 준비하는 자의 것이다

풍요로운 삶을 살기 위해 우리는 무엇을 해야 할까? 상상하면 성공한
다는 말도 많이 들었다. 나도 5년 전에는 이 말에 집착하고 확언을 쓰고
벽에 붙여 두고 거울 앞에서 소리 내 말하기도 했다. 이것만 하고 아무것
도 하지 않으면 아무 일도 일어나지 않을 것이다.

나의 잠재의식을 들여다보았다. 부정성과 낮은 자존감을 먼저 돌려놓
는 게 순서였다. 나를 바라보고 긍정적 언어를 들려주고 자신을 사랑하
는 것부터 했다. 그것이 안 되면 아무리 좋은 말을 하며 바꾼다고 해도
부정성을 억압해 두고 가는 것이다. 내 안의 두 자아가 싸우고 있다. 이
들을 잘 화해시켜 주어야 한다. 과거를 자꾸 파헤치고 자신의 자아 이미
지를 비난한다면 무기력해지고 주변과 비교하며 초라하게 만든다. 나는
많은 마음에 관한 책을 읽었다. 그 책은 잠재의식을 바꾸고 상상하라고
한다. 모든 책의 결말은 자기 사랑이고, 이 사랑을 모두에게 나누라고 했

다. 결국 풍요로운 삶의 목표는 행복이다. 내면의 자아 이미지가 자아실현을 했을 때 우리는 행복할 수 있다.

맥스웰 몰츠는 『성공의 법칙』에서 자아 이미지의 자동 메커니즘을 돌려 자아 이미지를 성공적으로 잠재의식에 각인시키라고 한다. 습관의 중요성을 말한다. 나는 습관이 우리를 만든다고 할 정도로 아주 중요하다는 걸 직접 경험하고 알게 되었다. 성공의 느낌을 불러일으키고 체험하면서 재현하는 것이다. 성공의 느낌에 자신감이 보태지면 우리는 성공적으로 행동할 수 있다. 나는 나의 자존감을 서서히 올려 주고 내가 하고 싶고 바라는 것을 그림으로 보고 상상해 보길 좋아한다. 이걸 시각화라고 한다. 그 이미지에 따라 사람은 행동하게 되어 있다. 상상하면 현실이 되는 믿음이 많은 행운을 내게 가져다주었다. 변하기 위해 무언가를 해야 한다. 내가 상상했던 시각화 이미지는 정확하게 나의 삶에 펼쳐졌다.

폴란드에 가기 전 비전 보드에 있는 사진대로 다 이루었다. 나중에 확인하고 정말 깜짝 놀랐다. 방법만 알면 힘들 게 없다. 간절히 원하는 걸 상상하고 사진을 오려 붙인 것뿐이다. 연필을 들 힘만 있다면 성공할 수 있다. 나는 힘들고 괴로울 때 책을 읽고 꿈을 그려 보며 실행했다. 목표가 없다면 내비게이션 없이 달리는 자동차와 같다. 목표를 상상하고 달려야 목적지로 안내된다. 이야기를 들으면 믿지 않을 수도 있다. 나의 경험이 말해 준다.

나에게 행복을 줄 사람을 찾나요? 나는 내가 주기 위해 찾아 나섰다. 행복을 줄 사람은 나밖에 없다. 나로 인해 누군가 행복하다면 정말 감사할 일이다. 이제는 우리는 나에게 행복을 줄 사람을 찾아 나서기보다 내가 행복이 되면 된다. 행동으로 바꾸기 위해서는 용기를 가져야 한다. 나에게 있어 용기는 자존감을 회복하는 것이다. 나를 사랑하는 마음과 높은 자존감은 무엇이든 할 수 있다는 용기를 주었다. 용기가 없었더라면 나는 영국 플라워 학교 문턱도 못 갔을 것이다.

성공하기 위해 나는 자기 존중이 필요하다고 말하고 싶다. 자기에 관한 생각, 이미지를 비난, 자책, 원망으로 간다면 자신감도 바닥으로 가기 때문이다. 삶의 방향도 어디로 갈지 혼란스러워진다. 진정한 성공으로 가는 길에 진정성을 발견하는 게 우선이라고 생각된다. 모든 게 정신적 습관이라고 말해도 과언이 아니다.

상상이 현실이 된다는 말은 내가 모든 것을 이루기 전에는 실감이 안나서 많은 책을 뒤지며 찾으려고 노력했다. 모든 것은 습관이 만들었다. 습관은 행동을 만든다. 자신이 만든 이미지를 잠재의식에 넣고 매일 포기하지 않고 한다면 성공은 우리 앞에 놓여 있다. 진심으로 원해야 목표가 되고 그것은 내 안의 잠재의식에 저장된다. 스스로 성공적인 사람이라고 선포하라. 잠재의식에 어떤 데이터를 줄 것인가? 잠재의식이 도와줄 것이다. 행운을 맞이하기 위해 우리는 공상이 아닌 상상으로 간절히 원하는 것에 집중하고 실천하면 된다. 모든 정답은 내 안에 있다. 내면을 바꾼다면 행복은 저절로 따라온다.

나는 매일 아침 일어나 감사 일기를 쓰며 책을 읽는다. 책을 읽는 습관을 만들기 위해 노력한 것이다. 습관이 참 무섭다. 처음에는 21일만 해보자고 했고, 해내고 나서는 한 달만 해 보자고 했다. 나의 아침 루틴으로 자리 잡았다. 그리고 노트북을 들고 카페에서 일하고 있는 나를 상상한 적이 있었다. 한 달을 하고 나니 나는 지금 스타벅스 창가의 높은 의자에 앉아 작업을 하고 있다. 글을 쓰다 막히면 책을 보기도 하고 유튜브도 보며 혼자 낄낄 웃는 내 모습을 사랑한다.

이것은 모두 그저 하루아침에 이루어진 게 아니다. 계속되는 습관이 성공을 만든다. 간절히 원했기 때문이고, 내가 원하고 하고 싶은 거라 꾸준히 한 것이다. 포기하지 않고 살겠다는 의지만 있다면 누구든 성공한다고 한다. 지속하는 건 힘들 것이다. 나는 자주 포기 하고 무기력에 빠진 적이 있었다. 그래서 미치도록 나를 사랑한다고 외치고 다닌 것이다. 종이에도 쓰고 벽에도 붙이고 반 미치도록 하며 나를 일으켜 세웠다. 자존감이 점점 올라 갔다.

　시작이 힘든 사람들은 자신이 머무는 공간부터 정리하고 버리고 청결하게 청소하라고 하고 싶다. 이 과정은 내 안의 나를 정화하기도 하고 무언가를 할 마음이 생기게 한다. 일단 내 주변이 깨끗하면 살고자 하는 마음부터 일어나고 변하고 싶어 한다. 책이라도 읽고 싶어진다. 나를 위해 공간을 깨끗하게 만드는 것도 나를 사랑하는 방법이다.

　집, 공간, 옷 등 내가 사용한 것을 지저분하게 했다면 남들도 당신을 함부로 할 수 있다. 비싼 옷으로 두르라는 게 아니다. 니체의 『차라투스트라는 이렇게 말했다』에서는 고귀한 인간은 허영심을 싫어하고, 실속 없이 화려하다면 자기 형편에 넘치는 사람이라고 한다. 환경에 변화를 주어 나를 자존감 있게 만들고 성공을 위해 할 수 있는 걸 생각해 보면 된다. 자기 존중이 있어야 행운을 잡을 기회가 주어진다. 자존감도 생기고 그 자존감은 용기를 주어 주변의 모든 성공 요건을 끌어들인다. 자기 존중을 위에서는 자기비판과 비난에서 벗어나야 한다. 지금 이 순간을 살며 타인의 기대에 맞추며 살 필요가 없다. 내가 나를 존중해야 남도 존중하게 된다. 나를 사랑한다는 것은 타인과 잘 지내는 출발점이다. 마음이 가는 대로 일을 하다 보면 행운은 저절로 내게로 온다. 준비하는 자는 결국 결과물을 얻게 된다.

03

운을 끌어오는 법

가끔 복권에 당첨된 사람들의 행운도 우리에게는 부러움의 대상이다. "저 사람은 복이 어디 있어 당첨된 거지?" 하며 씁쓸한 미소를 지으며 복권을 사기도 한다. 나도 두 번은 사본 기억이 있다. 행운이 오길 빌어도 보았다.

우리는 운이 좋다 나쁘다 하며 서로가 자기 사례를 말한다. 아무 노력 없이 얻어지는 운은 없다고 말하기도 한다. 나는 어렸을 때 보물찾기처럼 노력 없이도 그날의 운으로 된다고 생각했다. 그러나 나이를 먹고 살아 보니 운도 나의 노력이 합쳐진 거라고 생각된다. 갑자기 어디서 뚝 떨어지면 좋겠지만 준비된 자에게 언제나 운은 따라준다. 운이라는 놈도 우리가 기르는 농작물과 같다. 어디에 어떤 것을 심었느냐에 따라 다르고 결과물이 차이 난다. 그 과정에서는 어떤 마음이 있으며, 시행착오와 기다리는 인내가 모여 거대한 행운을 가져다 준다.

나에게 운이라고는 전혀 없다고 생각하며 살기도 했다. 꿈이 있었기에 앞서간 책 속의 저자들의 삶을 따라 노력했다. 운의 그릇은 내가 만든다. 수정이 필요할 때는 전문가의 도움도 받아 새로운 발전이 되고 주변 사람들의 의견을 구하는 것도 지름길이 되어 줄 수 있다.

우리는 기다리지 못해서 운을 경험하지 못하는 경우도 많다. 원하는 그것에 집중해도 중도 포기일 것에 내어 준다면 실패만 쌓여 간다. 나는 끈기가 부족했었다. 그러나 아침 루틴을 시작하고 많이 개선되었다. 최소 습관을 들이기 위해 21일은 해 보기로 처음 시작한 것이다. 21일이 지나면 한 달은 그냥 지나간다. 우리는 남과의 약속은 지키고 시간에 늦으면 미안해 하기도 하면서 자신과의 약속은 쉽게 저버린다. 자신이 이 세상에서 제일 소중하고 존중 받아야 하기에 자기와의 약속도 존중 받아야 한다. 자신과의 약속을 잘 지키자.

나는 매일 입에서 나오는 확언이 있다. '매일 모든 면에서 점점 좋아지고 있다'는 말이다. 나의 운을 만들어 주고 잠재의식에 채워 주는 말로, 길을 가거나 잠자기 전이나 매일 하는 말이다. 그리고 가장 좋은 말인 "나는 지금 있는 그대로 사랑해"를 매일 해 준다. 우리에게는 운을 끌어오는 에너지가 있다. 긍정 확언으로 환경을 만들어 준다면 인생이 술술 풀리게 된다.

'행운은 우연일까? 운을 만드는 방법은 없을까?'라고 생각한 적이 있었다. 인생이 펼쳐진 것을 보면 우연이라고 생각되지만, 꼭 그렇지는 않았다. 내가 선택하여 경험에서 운이 따라주고 기회가 주어지기도 했기 때문이다. 그래서 내게는 버릇이 생겼다. 내 앞에 펼쳐지는 것은 저항하지 말고 가 볼까? 바로 앞을 우리는 모르고 살고 있다. 그렇다면 기회가 와도 모르고 지나가 버린 경우도 허다하다. 정해진 운명이 아니라면 주어진 삶대로가 아닌 내가 가고 싶은 곳으로 가 보면 어떨까?

나는 인생에 물음표를 던지고 평생 경험하게 될 경험을 8년 안에 다 한 것 같다. 그곳에는 행운과 불행도 같이 왔다. 안 가 본 길을 가 보려 했고 주어진 걸 수용하려 했다.

유명한 역사적 인물들은 대부분이 삶에서 큰 고난에 직면한다. 그러나 나중에 업적을 이루고 성공했을 때 우리는 운을 말하는 예도 있다. 크리스천 부시의 『행운을 창조하는 예술과 과학』에서 행운의 불빛이 반드시 우연의 산물이 아니라고 말한다. 우리는 더 많은 행운을 만들 수 있다. 부시 박사는 운이 관점의 문제이고 행운은 우리가 우리의 욕망을 통제할 수 있는 거리에 있을 때 우리를 떠나는 경향이 있다고 한다. 우리의 두려움이 행동을 지배할 때이다.

우리가 행운의 요소를 가지기 위해서는 현실의 불안전함을 받아들이고 예상치 못한 것들의 상황에 대처할 수 있는 능력을 키워야 한다. 행운은 우리가 예상치 못한 곳에서 찾아오기 때문이다. 우리의 내면을 평온하게 하고 내면의 소리를 듣는 것도 중요하다. 기다릴 줄 알고 고된 하루가 끝났을 때 즐기고 자신에게 모든 중심이 왔을 때 행운은 찾아온다. 나는 앞이 안 보이고 긴 터널을 걷고 있을 때 내면부터 보게 되었다. 내면이 불안정하고 외부 세계를 보고 있으면 행운이 내게 온다고 해도 지나쳤을 것이다. 행운은 뒤로 오고 꼭꼭 숨어 있다. 시간이 지나고 결과물이 되었을 때 우리는 인정하고 "운이 좋았어."라고 한다. 운도 노력하고 준비된 자가 보고 잡는다. 우리에게 운은 어디로 지나갈지 모른다.

성공한 사람들의 인터뷰를 보면 거의 모두가 "저에게 운이 좋았어요"라고 한다. 아마도 그러면 어떤 사람들은 그랬을 거라고 하고, 또 어떤 사람들은 준비하고 노력을 많이 했을 거라고 한다. 나도 그들의 모습을 보며 부러워하고 그러고 싶었다. 지금은 다른 관점으로 바라보게 된다. 저들은 운을 어떻게 만들고 기회를 얻었을까? 말이다. 그들을 자세히 조사해 보면 우연이라기보다는 기다림과 기회를 만든 과정이 있었고 기회가 왔을 때 놓치지 않았다는 것을 알 수 있다.

행운을 맞이할 준비를 하고 있는가? 나는 책과 명상으로 마음 근육을 키우고 있다. 독일 철학자 니체가 고귀한 인간은 자신의 이기심을 당연하게 받아들인다고 말했다. 우리는 고귀한 인간이다. 건강한 이기심은 자신이다. 우리는 자신에게 온 행운을 받을 권리가 있다. 우연을 가장한 행운이 온다면 꼭 알아보길 바라며 내 것으로 만드는 데 준비와 끈기로 기다릴 필요가 있다.

누구에게나 똑같이 기회는 있다. 매일 자기 비난과 남 탓으로 보낸다면 부정 에너지는 온 지구에 흘러 불행한 일만 반복되게 연출한다. 그 동굴에서 나와야 한다. 타인이 던지는 말에 나의 꿈을 포기해서는 기회가 주어지지 않는다. 천 개의 눈으로 보라는 말도 있다. 이렇게 한다면 많은 긍정의 에너지가 생기게 된다. 남에 대한 이해와 사랑이 넘치고 더욱더 행운으로 가는 길목에 놓이게 된다. 준비하지 않고 오기만 기다린다면 아무것도 당신에게 오지 않는다. 우연으로 오는 행운 또한 결과에 가 보면 연결된 고리가 있었다.

나에게 운이 따라준 것은 행동이었다. 가만히 있으면서 이루어진 것은 없다. 관련된 것은 무엇이든 했다. 당신도 행운을 바란다면 행동이 답인 것을 기억하길 바란다. 그냥 한번 해 보기를 바란다. 우리에게 딱 맞는 행운이 온다.

04

우리가 주는 대로 받는다

오렌지를 짜면 오렌지주스가 나온다. 우리 마음속의 분노, 미움으로 가득하다면 무엇이 나오는가? 당신이 타인에게 주고 싶고 받고 싶은 게 사랑, 존경이라면 당신 내면을 바꾸어야 한다. 그러면 우리의 삶도 바뀐다. 존경을 받고 싶으면 타인을 존경해라.

나는 긴 터널을 지나 오면서 내 안에 미움, 질투, 증오, 부정적 감정으로 가득 차 있는데 외부의 세상을 바꾸려고 했다. 내가 마음에 안 드는 나와 관련된 가족부터 바꾸길 바랐다. 그리고 내가 좋은 것을 상대에게 강요했다. 그게 사랑과 관심의 표현인 줄 알았다. 상대가 변하지 않으면 화를 내고 더 압박해 보기도 한다. 나는 상대에게 힘을 주고 있었다. 사람과의 관계도 얽혀서 나 혼자 많은 생각을 하며 비난하고 화를 냈다. 내 안의 세포들도 짜증이 났을 것이다. 감기에 걸리고 편도선이 자주 붓기도 했다. 자신에게 비난을 많이 하니 몸 상태가 양호하길 바랄 순 없다.

나대로 사는 것은 축복이다

지금 당장 변하고 싶은데 힘들다고 하는 사람들은 내면을 들여다 보라. 독일 철학자 니체는 『차라투스트라는 이렇게 말했다』에서 "사람은 언제나 자기 자신을 극복해야 하는 그 무엇이다"라고, 내면의 자신을 관찰하는 게 중요하다고 말하고 있다. 모든 시기도 내게 오려면 내가 마음이 준비되고 외부 세상을 보는 관점을 바꾸지 않는다면 와도 모른다.

우리는 본인한테 하는 비난부터 그만해야 한다. 자신한테는 유독 힘들게 하고 사는지 자신을 들여다보지 않으면 알 수가 없다. 그리고 과거의 용서를 떠나보내지 않으면 미래로 갈 수가 없다. 나는 마음을 봐 주지 않고 돈과 명예를 좇아 헤매었다.

우리는 타인을 변화시킬 수 없다. 내가 변해야 하고, 변한 나의 모습을 보고 타인이 변하게 된다. 우리가 타인의 부정성에 끌려다닌다면 타인의 삶을 살고 있어야 한다. 타인을 변화시키려다 그 사람과 같아지는 일도 있다. 우리가 변하고 싶을 때는 부정성을 가지고 있는 사람과의 관계부터 끊어야 한다. 당장 끊어라.

사람에게는 행운과 축복을 받을 시기가 다 다르다. 나는 내 안에 부정성과 비난과 고통으로 남아 있는 낡은 생각부터 버려야 했다. 이것을 버리지 않고 쌓은 부는 병으로 사라져 버리기도 한다. 지금 부를 쌓을 그릇이 준비되었다. 의식이 확장되었고 자신을 사랑하며 기다리고 있기 때문이다. 마음이 평온하고 편한 상태에서 우주가 베푸는 풍요에 동참할 수 있다.

좋은 기운이 열리고 있다는 느낌이 드는 시기에는 모든 일이 순조롭게 흘러간다. 모든 것은 때가 있다고 말했을 것이다. 깨닫고 나서 더 나은 방향으로 갈 수 있는 능력이 생긴다. 그 능력은 상상을 초월한 힘을 가진다. 안 될 것 같은 일들도 마술을 부리듯 일어나고, 문제가 된 것이 갑자기 사라지기도 했다. 당신에게 부정적인 생각이 떠오르면 "왔니" 하고 인사를 해 주어라. 저항하지 말고 포용해 주면 사라지고 만다. 어린아이가 울면 달래 주어야 그치지 않는가? 내 안의 나와 다투고 싸운다면 내 내면에 혼란이 일어나서 문제를 더 크게 만든다. 내 안의 자아에게 "너를 사랑한다, 너는 충분해."라고 말해 보라.

내면의 대화는 자신을 변하게 하고, 많은 걸 얻게 한다. 자기 비하는 면역 체계도 파괴한다. 우리는 피해자로 남아 자신을 괴롭히기도 해서 그 모습을 외부에 반영한다. 타인의 요구와 부탁에 맞추며 살 필요가 없다. 우리가 어떤 선택을 하든 누구의 비난을 받을 필요도 없다. 나는 한동안 죄책감 안에 갇혀 있기도 했다. 나를 가두는 한 형태였다. 그것은 두려움을 만든다. 두려움을 감추기 위해 고통이 따른다. 몸이 아프기 시작한다. 이 사이클을 돌고 돌게 자신이 만든 것이다. 과거의 죄책감을 벌하는 건 어리석은 짓이다.

우리는 살면서 고통과 고난 뒤에 자신을 깨닫고 비로소 자신을 찾아가는 여정을 가게 된다. 나는 늦게나마 알게 되어 축복이고, 죽을 때까지 모르고 가기도 한다. 얼마나 안타까운 일인가? 나는 그 시기가 내 정신이 바닥일 때 나타났다. 내가 사랑을 구걸하고 인정 욕구에 힘겨울 때 모든 게 사라지고 변화가 온 것이다.

모든 두려움은 한계를 지어 우리를 할 수 없다는 굴레에 가둔다. 변하기를 원할 때 우리는 의식이 확장되고 진정한 새로운 삶이 시작된다. 모든 문제를 외부에서 내부로 보고 내 안의 나와 마주하며 대화해야 한다. 모든 게 순리대로 간다. 내가 뭔가를 안 해도 그냥 흘러가는 걸 알게 된다. 외부에서 누군가를 바꾸려 하는 마음이 사라지고 변하려고 하면 빠른 속도로 우리가 원하는 삶을 살 수 있다. 타인의 삶이 아닌 온전히 자신의 삶을 살 때 우리는 자유를 갖게 된다. 우리 능력은 무한하다. 깨어난 후 자기 게임 규정에 한계를 긋지 않고 못 할 일이 없다고 생각한다.

우리의 삶은 단 한 번밖에 없다. 사람들은 착각하고 산다. 개인 차이는 있지만 한계가 있다. 이어령 박사는 "젊은이는 늙는다, 늙은이는 언젠가 죽는다."고 말했다. 사는 동안 우리는 최고를 누릴 자격이 있다. 그때를 소중하게 여겨야 자신의 삶을 존중 받을 수 있다. 고백도 미루지 말고 사랑도 미루지 말아야 한다. 용서는 더욱더 그렇다.

나는 나를 사랑하는 삶을 살게 되었고 용서를 다 했기 때문에 사랑만이 줄 게 있다. 몇 년 전 어머니와 나는 서로 힘든 시간이 있었다. 우리는 서로 용서했다. 누가 내게 억지소리를 한다 해도 속으로 용서하며 "나는 사랑만 있어요"라고 말할 것이다. 이런 시간이 오기까지 많은 고통의 시간을 보냈다. 나를 용서 못 하니 타인도 용서하지 못했다. 먼저 나를 사랑하고 그다음 타인을 사랑하라. 순서가 있다. 이기적인 게 아니다. 나는 타인의 사랑을 받기 위해 애를 썼기 때문에 그들도 없다는 것을 알고 무척 받아들이기 힘들었다. 자신이 우선이다. 타인에게 잘 보이려는 마음부터 버려야 하고 타인의 기준을 따를 필요 없다.

인생에 문제는 나를 사랑하면서 외부세계는 자동 풀려나간다. 누구든 일찍 이 진리를 안다면 인생이 원활하게 간다. 자신을 사랑하는 것은 많은 용기를 주기도한다. 내가 평온하고 안정적이면 내 주변을 바꿀 필요가 전혀 없다. 그들은 시간이 되면 변해 있다. 이것은 내가 장담한다. 때를 기다리라고 말하고 싶다. 조용히 기다려 보라. 아무것도 하지 않았는데 그들은 변해 있다. 적절한 시기가 왔을 때 우리는 받아들이기만 하면 된다. 얼마나 쉬운 일인가? 우리가 사랑을 주면 사랑을 받을 것이다. 우리가 존경하면 존경을 받을 것이다.

05

성공을 위해 내면부터 바꾸어라

'나는 할 수 없다'와 '나는 할 수 있다'는 얼마나 차이가 날까? 나는 살면서 이 두 문장에 고민과 두려움을 안고 살아왔다. 많은 일과 경험을 해보고 두 차이는 하고 안 하고 차이였음을 알았다. 내가 결정하고 결단하는 것이다. 불확실성에 할수 없다고 한다. 자신을 믿고 내면부터 바꾸어 나가야 한다.

자신의 목소리를 외면한다면 상황은 결국 바뀌지 않는다. 나는 변화하기 위해 환경부터 확 바꾸었다. 환경보다 우선인 내면을 바꾸어야 한다. 내 안의 부정적인 목소리부터 바꾸어야 한다. 내 안의 목소리는 "할 수 없어"라고 말하며 수없이 많은 선택지 앞에서 포기해 버린 것이다. 우리는 해 볼 기회조차도 얻지 못한다. 우리는 외부의 세상을 바라보는 렌즈부터 바꾸라고 한다. 세상을 부정적이고 공포로 바라보았다. 내 운명은 남의 기준에 맞춰 살게 되었다. 나는 할 수 없는 삶으로 가는 급행열차를 탔다. 우리의 자존감을 끌어 올리고 자신감이 생겨야 내가 할 수 있다는 의지가 생긴다.

역경과 힘든 과정을 겪어 오면서 바꾸는 데 순서가 있다는 것을 깨달았다. 내면부터 바꾸는 게 시급함을 알게 되었다. 내면의 변화 없이는 의미가 없고 새로운 길을 가기 위한 티켓을 예약할 수조차도 없다. 긴 시간을 헤매고 길을 찾을 수 없을 때 무기력과 포기가 왔기 때문이다.

가끔 주변 지인 중 열심히 노력하며 힘겨워하는 모습을 보면 안타깝기까지 하다. 그 모습이 몇 년 전 내 모습이다. 나는 주변에 이를 알리기 위해 글을 써 보기로 결심했다. 살다 보면 누구에게나 다른 형태로 문제가 오지만 거의 비슷하다고 본다.

우리의 뇌는 미래, 현재, 과거로 수도 없이 왔다 갔다 한다. 우리는 하루에 5만 가지를 생각한다고 한다. 본인을 수렁으로 끌고 가는 기차를 타게 했을 것이다. 열심히 했는데 나는 이것밖에 못 했고 '이게 내 한계야' 하며 남과 비교한다. 자신의 처지가 지하에 있고 자신만 그렇다고 생각했을 것이다. 이게 내 모습이었다. 뭐 하고 있나 싶은 생각들이 올라왔다. 계속 떠오르는 불확실성에 가던 길도 의심하게 되고 주변의 다른 것에 기웃거리기도 한다. 우리의 보통 모습들이다.

할 수 없는 사람은 할 수 있는 사람들이 먼저 간 길의 뒤에 가면서 그들에게 통행료를 지불하게 된다. 통행료를 많이 낼수록 우리는 원하는 삶에서 자꾸 멀어진다. 어렵고 복잡했던 것은 기대가 많아서 오는 실망에서 의심과 부정이 점점 쌓여서 만들어진 것이다. 이런 감정은 나를 점점할 수 있다는 자신감에서도 멀어지게 한다.

내 안의 작은 거인부터 꺼내고 삶은 점점 달라져 갔다. 할 수 없다는 것에서 할 수 있다는 것으로 완전히 바꾸고 불확실성에도 나는 할 수 있었다. 가능과 불가능의 차이는 처음에는 많이 났고 점점 그 경계가 좁혀지면서 진짜 한계는 경계가 없었다. 하다가 컨디션이 안 좋고 무기력할 때는 잠시 멈추고 휴식한 후 다시 시작하면 된다. 누구든 처음부터 달려가는 사람은 아무도 없다.

내 주변의 사람들에게 신경 쓸 것도 없고 그들도 잘 모른다. 하루하루가 나아지면 되는 것이다. 나를 끊임없이 닦달하기보다는 늦어도 좋으니 포기하지 말자고 했다. 주저하지 말고 시작하는 게 더 낫다는 것이다. 한다는 의지만을 갖고 꾸준하게 간다면 당신도 내 안의 잠재력에 깜짝 놀랄 것이다.

우리는 "성공한 사람들은 어떤 길을 걸었을까?"라고 생각한다. 그들도 불확실성을 걸었고 그곳에 시련도 있고 우리와 똑같은 생각을 하며 갔을 것이다. 그들은 불확실성에도 믿고 끝까지 갔다. 은반 위의 요정 김연아도 자신을 깎는 고통과 함께해서 정상에 오를 수 있었다. 어차피 확실성은 없다. 내가 가고 싶은 그 한 컷을 상상하며 가는 것이다.

"나는 할 수 있다"라는 문장은 큰 마력이 있다. 겁쟁이던 내가 세계 20여 개국을 누비며 일과 여행을 하며 경험하였다. 이것을 할 수 있는 내 안의 힘은 이 문장이 만들어 주었다. 누군가 당신에게 질문을 한다면 불확실성에도 불구하고 할 수 있다고 말해 보라. 그게 시작이 되어 당신을 저 멀리 미국에도 데려다준다. 내가 그랬다. 할 수 있다고 생각하고 간다면 삶의 공식에 의해 멋진 세상이 펼쳐진다.

힘은 결국 내 안에 있다. 외부에서 찾아 헤매는 것을 당장 멈추길 바란다. 그들도 당신에게 줄 게 없다. 빈 바구니에서 무엇을 줄 것인가? 그들은 받고 싶은 마음이 크지, 주고 싶은 마음은 고갈되어 없다. 그런 사람들에게 사랑과 그 무엇을 해주길 바라며 구걸하는 일은 힘이 빠지는 것이다.

할 수 있다는 의식이 커지는 순간부터 외부에서 구걸하는 걸 멈추게 된다. 작은 것부터 할 수 있게 된다. 아주 작은 것부터 자신을 변화시키는 것을 해 보는 게 매우 중요하다. 나는 그림에 눈을 떴을 때 카페에 앉아서 앞의 풍경부터 작은 종이에 낙서하듯 그려가기 시작했다. 외국을 나가기 전에도 '영어를 해 두면 기회가 있을 거야'라며 내게 최면을 걸고 외국 사람만 봐도 말을 걸려고 노력했다. 실수한 자신을 비난하지 않고 칭찬하고 멋진 내게 혼자 맘속으로 사랑한다고 했다.

내 가치를 자신이 인정해야 갖고 싶은 것을 가질 수 있다. 인생을 변화시키기 위해 당신은 무슨 일을 하는가? 나는 불확실성에도 사랑을 보내며 시도하고 한계를 긋지 않기로 했다. 자신을 위해 사는 날은 매우 즐겁고 자신을 알게 해 준 답이 있다. 내가 할 수 있다는 용기도 나 자신을 중심에 두기 시작하면서 생기기 시작한 것이다. 앞으로 나의 삶이 어느 곳으로 펼쳐질지 흥분되고 하루가 즐거운 삶이다.

단 한 번이라도 자신을 위해 살아 보길 바란다. 변화한 자기 모습을 더 사랑하게 된다. 내 주변에 능력이 많은 사람이 "나는 할 수 없어요."라며 남을 부러워하는 모습을 보면 참 안타깝게 생각된다. 그들은 나보다 훨씬 가진 능력이 많다. 본인의 한계를 긋고 본인이 울타리를 친 것을 모르고 살고 있다. 이유를 만들고 못 한다고 한다. 잘하고 못하는 기준은 누가 만들고 누가 평가한단 말인가? 누구의 기준으로 하루면 몇 번이고 듣고 사는 어처구니없는 일에 속고 사는가? 나는 이 속임수를 이제는 받아들이지 않는다. 나는 나를 사랑하기 때문에 남의 실수도 수용하려 한다. 자신을 사랑하는 것이 먼저다. 내면부터 바꾸는 것이 부로 가는 시작이다.

06

집착에서 벗어나는 법

10년 전부터 조금씩 나는 변화하고 싶었다. 나는 철학자 니체가 말한 명사형 삶에 관심이 많았다. 명사형 삶은 물질, 명예, 권력, 돈, 지위 등 영원불멸하지 않은 삶이기도 하다. 한순간의 실수로 잃어버릴까 봐 우리는 매일 지키고 점검하고 관리하느라 오늘을 못 산다. 나는 명사형 삶에 집착하고 사느라 채우기 바빴다. 계속 모자라는 삶이었다. 그곳의 경지에 올라도 모든 사람은 고독을 맛보고 허탈감도 가지게 되었다고 한다. 나는 그곳까지의 경지에는 못 갔지만 명사형의 삶이 주는 행복은 나의 큰 욕망을 못 채우기도 했다. 그렇다면 동사형의 삶은 무엇인가? 동사형 삶은 경험을 통해 얻은 삶이다. 경험에서 얻은 지혜는 누구도 빼앗아 갈 수 없다.

내가 변화하고 싶은 욕구가 있을 때 많은 경험을 하고 싶었다. 물건에서의 집착에서 외부 세상의 경험으로 나를 변화시키고 싶었다. 변화하기

168   나대로 사는 것은 축복이다

위해 기존의 나를 버려야 했다. 과거의 두려움으로부터 탈출하고 내 주변 물건들을 정리하고 싶었다. 물건들은 나의 발목을 잡고 있었다. 정리를 하고 나서 물건들로 인해 오히려 걱정이 줄어들었다. 감정 소비도 줄일 수 있다. 마음 관련 책과 단순하게 사는 삶의 관련 책들을 읽기 시작하며 나의 변화는 서서히 나타나기 시작했다. 조용히 준비하고 있었다.

나의 변화는 사춘기 소녀의 반란처럼 부작용으로 몸이 아프기를 반복했다. 이런 변화를 느꼈는지 주변에서 색안경을 끼고 본 듯했다. 그동안 만났던 사람들과 멀어지기도 했다. 자연스러운 변화의 정리는 받아들이기로 했다. 외부로의 관심을 내면세계로 돌리며 잔잔한 변화에 기뻐 혼자 미친 여자처럼 웃었다.

변화겠다고 마음을 먹은 뒤로 나의 외모도 변했다. 얼굴이 좀 맑아지고 몸도 가벼워졌다. 나의 몸은 부기도 가라앉고 면역력도 높아져 잔병치레로부터 멀어진 삶을 살게 되었다. 남이 가진 것에 대한 부러움과 질투가 사라졌다. 이미 내가 가졌다고 생각하며 살면서 탐욕으로부터 자유로움을 얻고 사람들과의 관계도 튼튼하게 되었다. 변하고 과거 속의 나에게서 멀어져 갔다. 여유로움이 주는 행복도 쏠쏠했다.

내 안의 부정성도 청소하고 싶었다. 바로는 바꾸기 힘들었다. 내가 원하는 그곳에 초점을 맞추며 시간이 얼마큼은 필요했다. 집 안에 속하는 물건들을 쳐다보며 내 마음을 억누르는 무엇이 있음을 알고 물건을 비우고 마음을 비우는 과정을 밟아 나갔다. 물질적 소유는 우리의 잠재의식에도 영향을 준다고 한다. 마음 공부의 최고는 의미 없는 관계 정리와 불필요한 물건 버리기다. 쓸데없는 생각들을 버리고 청소하는 데서 시작한다. 많이도 노력하고 벗어나려고 발버둥을 쳤지만 내 안으로의 변화가 가장 우선이다. 나는 많은 시간과 돈을 쓰고 알았다. 분주한 마음을 정리하느라 방을 완전히 비우고 물건이 놓였던 자리를 채운 공간을 바라보며 쾌감을 잠시 느꼈다.

나이가 들수록 우리는 물건을 쌓아 두고 산다고 한다. 점점 물건들이 차지하여 물건이 집주인이 되고 자신을 잃어 버리고 우울증과 질병으로부터도 벗어나지 못한다고 한다. 진정한 변화는 쉰부터 시작한다고 하는데, 이때는 우울증도 함께 오게 되고 힘들어하기도 한다. 나는 인생의 후반기에 쓸쓸하고 하는 것 없이 죽는 날만 기다리는 사람이 되기 싫었다.

장소를 옮겨 변화를 주고 20대라면 나는 무엇을 할까? 생각하며 따라하기도 했다. 이런 삶이 주는 변화는 내 안의 세포를 깨우고 20대 교감이 나를 젊게도 했다. 딸 같은 젊은이들과 나눈 해외에서의 추억은 값진 경험들로 남는다. 그들과 수다 떨며 맛있는 음식을 먹으면서 나의 20대 시절을 떠올려 보기도 했다.

　언제나 우리에게는 변화의 기회는 있었다. 많은 것에 집착하고 사느라 보이지 않았다. 그 집착이 산산조각으로 부서지는 날 우리는 자유를 갖게 되고 변화를 꿈꾼다. 물질세계의 노예가 될수록 자신의 존재 가치에서 멀어져서 발전을 못 시킨다. 나 역시 그랬다. 소유로부터 자유로워질 때 우리는 우리가 하고픈 일에 집중하게 된다. 우리 모두 이 방법에서 벗어난다면 누구든 내면의 변화와 의식 변화가 일어난다. 여행 가서 그 느낌처럼 살라고 한다. 우리는 여행을 가게 되면 꼭 필요한 것만 가지고 떠나 그곳에서의 홀가분한 짐과 함께 힐링하고 오지 않는가? 여행을 가서 먼 곳의 짐이 단순화되어 있고 내가 가져간 물건에 소중함을 더 느끼고 온다.

　내면의 변화가 일어나면 하루가 급할 게 없고 느림의 미학도 준다. 마음의 평화가 가장 큰 힐링이기도 하다. 평화와 안정은 우리가 물건에서 집착을 버릴때 온다고 한다. 많은 시간을 가지며 우리가 집착한 것들을 우리가 붙잡고 있을 수 없다. 집착할수록 괴로움을 더 준다는 것이다. 내 얼굴의 주름에 집착할수록 주름은 더 자리를 잡고 잠깐의 의술로 만족한다고 그것을 지키려고 중독이 되는 것이다. 중독에서 중독으로 넘어가는 삶을 살게 된다. 여러 가지 물건으로부터 중독이 몸을 망치고 마음을 쓰레기장으로 만들 뿐이다. 쓰레기장 안에서 보는 세상은 어떻겠는가? 나는 많은 물건 속에 있으면서 내면이 부정성으로부터 벗어나길 바라는 것 자체가 불가능했다.

성숙한 자아는 나눔, 겸손, 화해, 친절의 태도에서 나온다. 내 안의 사랑으로 가득 차면 성숙한 자아로 삶을 살게 되는 것이다. 삶의 질도 높아진다. 성숙한 자아는 내가 지향하는 삶이기도 하다. 나만의 질 좋은 삶은 지구의 온 사람에게 퍼져 나간다고 본다. 그런 에너지의 사람들은 서로 끌어당기는 것이다. 변하고 싶을 때 다른 하나는 나의 가면을 벗고 싶었다. 타인의 시선으로부터 방해 받고 싶지 않은 삶에서 내면에 집중하고 싶은 것이었다. 자유를 얻으려면 가면의 대가를 치러야 한다. 타인의 시선에서 자신의 진짜 참모습을 바라보고 가야 한다. 가면 안에는 두려움, 공포, 근심이라는 재료가 있었다. 그 가면을 벗어 던져야 한다. 내면을 돌보는 시간을 가진다. 잘못 가는 자신의 길을 올바로 잡아 주기도 한다. 인생의 진실이 무엇인지 보게 되고 우리 안의 지혜를 갖게 된다.

변화의 밭에 지혜의 씨를 뿌리고 단순하게 가지를 쳐 주고 때가 되길 기다리는 마음은 그 자체가 풍요를 즐기는 삶이 된다. 지금 당장 집 안의 물건을 버려 보자. 필요한 소중한 것만 남기고 내면으로 들어가 보자. 이게 변화의 시작이다. 과정은 시행착오를 거쳐야 비워진다. 집착에서 벗어낢은 변화의 시작이다. 먼저 물건으로부터 벗어 나보자.

07

내 안의 자아를 사랑하는 비법

마음 공부를 시작하기 전 불안과 두려움으로 힘겨워하며 살았다. 순간마다 일어나는 일들과 일어나지 않는 일들에 대해 내가 통제하고 살려고 했다. 이 얼마나 어처구니없고 정신이 나간 여자인가? 외부는 내 마음이 투사된 것이다. 상대의 마음을 살피느라 온전하게 즐기고 기쁘게 못 살았다. 아프고 나서 나의 전부를 관찰하게 되었다. 필름처럼 지나간 나의 경험들 속에 왜 나를 몰라주었을까? 그래서 내 안의 자아를 알게 되었다. 소통이 안 되는 일방통행을 한다. 내면의 자아는 스트레스가 염증이 되어 알아 달라고 처절하게 몸부림치고 있었다. 우리가 내면을 무시하면 병으로 나타나기도 한다.

내 안의 자아는 지친 자기를 알아주고 사랑해 달라고 요구했다. 외부에서 찾지 말고 자기에게 해 달라고 부탁했다. 마음속 욕구를 억압 받은 자아는 지쳤다. 자존감이 떨어져 어두운 구석에서 알아주길 기다렸을까? 어느 날 자아의 정체를 알고 거울을 보며 폴란드 숙소에서 소리를 지르며 울었다. 한참을 울고 나서 보니 얼굴은 검은 그림자가 지나간 새벽 같았다. 그동안 내면의 자아에게 쏘아붙인 부정 덩어리를 말할 시간을 주어야 했다. 내면의 자아가 차분히 가라앉으며 평온할 때 쳐다보며 "이제 알아. 너의 아픔을 이해해 줄게. 너를 많이 사랑해 줄게."라고 말해 주었다.

내면의 자아를 대할 때 비판보다 그대로 듣고 경청하며 존중해 주어야 한다. 우리가 까맣게 태운 냄비도 처음 수세미로 닦으려 하면 더 진하게 그을음이 나오는 것처럼 충돌이 있다. 서로 몰라준 마음으로 그동안 쌓아 놓은 온갖 부정성을 상대에게 퍼부으며 공격하게 된다. 같이 부정성으로 응대하지 말자. 그 자리에 지금 있는 그대로 있어 줘서 감사하다고 말한다. 우리가 저항할수록 더 많은 사건과 문제가 발생하게 됨을 알고 감사를 표현한다. 내게 공격할수록 나는 저항을 멈추었다. 평온만이 감돈다.

모든 것은 에너지다. 우리도 에너지고 진동수에 따라 모든 게 움직인다. 부정성이 클 때의 주파수는 우리의 마음도 몸부터 긴장하고 영향을 받기도 한다. 내면의 자아에게 좋은 주파수로 대하고 잘 지내기로 약속했다. "너는 사랑이고, 너는 기적이고, 너는 한계가 없어."라고 자주 말해 준다. 내가 문제에 직면했을 때도 내 안의 자아는 이제 차분히 기다려 보라고 한다. 그러면 진짜 큰 에너지를 쓰지 않고 지나가기도 했다. 사람과의 관계에서도 너무 관계에 집착하여 애를 쓰지 말라고 한다.

세상 곳곳의 현자들은 한 살이라도 젊을 때 오늘을 생각하라고 한다. 현재를 살면서도 과거의 무거운 짐을 내려놓지 못하고 상대의 지옥에서 못 벗어나곤 한다. 그런 삶이 계속된다면 당신은 더 많은 상처만 쌓일 것이다. 이젠 모든 것을 풀어 줘라. 그들이 원하는 만족에 너무 힘을 쓰지 말고 그 힘을 각자의 안에 기거하는 그들에게 써라. 아무도 그런 삶을 산다고 비난하지 못한다. 하루 내내 생각이 당신의 비밀이 된다.

그 비밀이 부정성이건 긍정이건 말이다. 남이 모르는 생각들을 간직하고 살아간다. 그것을 가끔 투사하기도 하고 내 생각을 남의 생각으로 포장하기도 한다. 이야기를 사실적으로 만들어 비난하고 비판하며 마구 지껄인다. 내면의 자아도 집에 돌아갈 때 후회하고 입을 때리기도 한다. 우리가 매일 하는 반복된 일상이기도 하다. 여기서 서로 이해가 안 되면 카톡이나 전화로 애써 상대를 이해시키려 힘을 써 가며 열변을 토한다. 상대의 말에 자아는 매몰되고 조정 받기도 한다. 계속 자아는 자기가 한 말에 온통 신경을 쓰고 밤에 잠도 못 자고 괴로워한다. 상대의 마음도 의심하게 된다. 의심을 버리지 못하는 한 자신을 들여다볼 수 없다. 내 안의 자아를 진정성있게 지켜봐라.

내면의 자아와 분리되고 관찰자로 나의 모습을 보게 되었다. 세계의 유명한 영성들은 내 안의 내가 하는 짓을 관찰하라고 한다. 론다 번의 『위대한 시크릿』에서는 우리에게 인간으로 존재한다는 생각을 그만두고 곧 무한한 걸 알아차림임을 알아차리라고 했다. 우리는 어린 시절부터 무의식적으로 수많은 부정적 감정을 억압해 왔다. 부정적인 생각을 믿기 때문이다. 화가 나는 것은 내가 아닌 것을 알아차려야 한다. 관찰자 입장에서 자신을 바라보자.

내면의 자아를 동일시하지 않고 일들이 급할 게 없었다. 예전과 다르게 문제를 바라보고 내 안의 평화가 왔다. 낯선 사람과도 친절을 택하게 되고 분쟁을 택하지 않는다. 내 안의 자아에게 차분하게 상대의 말을 경청하고 잘난 것을 증명하지 말 것을 요구하고 사랑하고 인정 해 주겠다고 했다. 모든 것은 내면을 바라보는 것에서 시작한다. 나의 영적 멘토들은 하나같이 내게 그 가르침을 주셨다. 고통도 스스로 선택한 내면을 바라보라고 준 약이라고 한다. 상처가 났으니 약을 발라 주며 휴식기를 준다. 자아가 마음이 평온할 때까지 기다려줌이 최고의 문제 해결법이었다. 시간이 지나면 그냥 지나갔다.

나에게 일어나는 일들을 내려놓고 내면의 자아와 인생이 흐르는 대로 걸어가 보기로 했다. 내 주변의 모든 사람을 적으로 보지 말고 평화롭게 가자고 했다. 빌딩에서, 지하철에서, 청소하고 성실한 그들에게 마음속으로 감사를 전했다. 당연하게 대가를 지급하고 받는 서비스라도 친절하고 사랑을 전하며 받자고 자아에게 말했다. 자신의 자아를 사랑하는 방법이며 평온과 행복으로 가는 길이다.

내 인생에 고난과 아픔이 없었다면 내면의 자아를 만날 기회도 없었을 것이다. 내 인생의 축복이고 감사한 일이다. 명예나 돈과 다른 차원의 깨달음이다. 외부로 사람과 맞지도 않은 관계를 맺으려 애쓰는 마음 없이 사랑하는 내면 자아와 함께라 더욱더 집착에서 벗어날 수 있었다.

필리핀생활은 마음공부의 시작이었다. 사람들과의 관계에 힘들고 영혼까지 털렸다고 느꼈을 때 나를 바라보기 시작한 것이다. 내 안의 자아와 잘 지내기로 한 뒤로 방향은 순탄하게 가고 있음을 알게 되었다. 내면 자아가 잡념이 들게 되면 나는 알아차리라고 경고를 해 준다. 우리 안에서 많은 일들이 일어나고 밤을 새우면서 이야기해도 아무 일도 일어나지 않는다. 슬슬 내려놓고 기다림을 알게 된다. 내면 자아가 분노에 빠질 때 판단하기가 어려워진다. 그때 우리는 이성을 잃은 행동도 한다. 그래서 그럴 때는 시간을 두고 뒤로 물러나서 생각할 시간을 가져야 한다.

내면 자아를 사랑하고 소통하면 타인의 휘두른 말에 반응도 안 하게 된다. 차분해진 우리의 자아는 문제를 만들지 않는다. 자아에게 우리는 사랑한다고 말해 주면 된다. 자아는 소음에 더는 관심을 가지지 않는다. 내면 자아는 앞으로 행복하고 사랑스러운 존재라서 존중 받아야 한다. 복잡하고 힘든 세상, 우리의 내면 자아를 잘 다룬다면 기적 같은 일이 일어난다.

이미 과거는 지나갔다. 지금 이 순간, 내면 자아와 우리가 잘 지내고 고귀한 존재임을 알고 가면 된다. 고귀한 존재인 우리는 건강한 욕망을 가질 권리도 있다. 우리의 마음은 우주보다 클 수도 있다. 지금 기쁘고 긍정적인 마음은 외부 세상을 보는 관점이 달라졌기 때문이다. 당신의 인생이 순탄하길 바란다면 내 안의 자아를 사랑해 주길 바란다. 힘은 내 안에 있다. 매일 행복할 수 있다.

5장

포기하지 말고
계속 가라

01

오늘이 생의 마지막인 것처럼 살자

아버지는 간경화로 심한 진통이 오면 고통스러워 잠을 못 주무셨다. 나는 힘들어 하는 모습을 옆에서 차마 볼 수 없어 일찍 잠을 청하곤 했다. 아버지의 고통이 뼈를 쑤시는 듯이 아팠기 때문이다. 병원에서 아버지가 임종하실 것 같다고 연락이 왔다. 아버지는 병실 천장을 바라보고 눈만 미세하게 움직이고 입술은 다무신 채 계셨다. 아버지를 뵙고 흐르는 눈물이 덮으신 이불 위로 떨어지고 있었다. 나는 아버지께 "아버지 사랑해요. 감사합니다. 이젠 아픔이 없는 곳에서 편히 쉬세요."라고 말했다. 내가 지금까지 살면서 본 죽음의 첫 번째 경험이었다.

아버지의 임종을 보며 마지막 눈을 감으실 때 주무시는 모습과 흡사하게 느꼈다. 아주 편안한 기운의 아버지는 영혼이 빠져나가는 모습이 내 눈에 보였다. 그때는 어떤 생각을 할 시간이 없었는데 시간이 지나 마음 공부를 하고 보니 우리에게는 몸이 아닌 의식밖에 없다는 것이 이해가 되었다. 그 뒤로 죽음에 대해 큰 공포는 없어졌다.

내게 단 하루만 살 수 있다면? 나는 이 생각을 한 번도 구체적으로 생각해 보지 않았다. 우리는 죽음을 남의 일로 생각하며 산다. 말을 꺼내는 자체를 싫어한다. 누구에게나 먼 이야기로 다가온다. 하루 24시간 주어진 시간은 큰 의미가 없을 것이다. 지금도 찰나라 시간이 없다고도 한다. 우리는 시간을 카운트하면 시간이 더 없다고 할 것이고 많은 것을 처리하고 싶어질 것이다.

아이들의 동화책에 등장하는 하루살이는 자기에게 주어진 단 하루의 시간에 짝짓기하고 알을 낳는다. 인간은 생각하는 동물이라 하루살이와는 비교된다. 죽음을 생각하면 우리는 자유에 대해 더 생각하고 자신을 묶은 쇠사슬부터 풀어 버릴 것이다. 사람은 긴장감 속에서 살다 어떤 공간과 시간이 주어지면 꿈꿔 왔던 시간은 그때야 보내려고 한다. 이것들은 평소 살면서도 실천할 수 있는 것인데 말이다. 우리의 육체가 영원히 사라진다면 어떨까? 작가 아니다 무르자니는 임사 체험 상태에서 우주가 완벽했으며 동시에 모두가 하나로 존재한다고 했다. 자신은 처음부터 사랑받는 존재였음을 이해했다고 했다. 임사 체험 책에는 세상은 분리도 없고 외로움도 느끼지 않은 곳이라 한다. 죽음이라는 공포를 덜 느끼게 되었다. 나의 아버지도 그곳에서 행복하게 계실 거라고 믿는다.

삶에서 사랑과 기쁨을 잃지 않고 살다 우리는 생을 마감해야 한다. 단 하루를 산다고 가정한다면 이 세상 살면서 물건에 집착하고 산다는 것은 더 의미가 없어진다. 우리는 죽을 때 어느 것 하나 가지고 갈 수 없다. 단지 가지고 가는 건 마음인데, 그중 사랑을 가져가야 할 것이다. 마음에 듬뿍 사랑을 가지고 가려면 어떻게 살아야 하나? 이것에 답은 나왔다. 살면서 자신을 많이 사랑하고 살면 된다. 그 많은 사랑은 우리가 나눌 정도의 충분한 양이다. 간단하지 않은가? 이 세상에서 나를 존중하며 건강하게 이기적으로 살다 가라는 말이다. 우리가 방심하면 불쑥 나오는 두려움과 분리의 믿음은 우리의 삶을 갉아먹는다.

단 하루의 시간은 여행하기도, 어딜 가기도 큰 의미가 없다. 만약에 기쁨과 사랑을 잃지 않고 살았다면 나대로 충분한 삶을 살았다고 본다. 사랑을 자신에게 준다면 사람들과의 관계에도 용서를 못 할 게 없다. 있는 그대로 나를 사랑하며 살고 내가 하고픈 것을 하고 살았다. 일생을 돌아보고 그동안 나와의 인연에 감사와 사랑을 나눌 것이다. 살면서 기쁨과 사랑으로 가득한 삶인데 어디에 집착이 필요한가?

단 하루라는 삶을 생각해 보면서 앞으로의 삶을 어떻게 살아야 하는지가 보였다. 뭔가를 가져야 한다는 생각은 어리석기 짝이 없다. 더욱더 비워야 하는 삶에 애착을 가져 본다. 가진 물건을 하나둘 더 비우며 내가 머문 자리를 정리하는 시간도 필요하다. 그래서 아무것도 소유할 필요가 없다고 한다. 오늘이 내 인생의 마지막 날인 것처럼 살면 무엇이 필요하겠는가? 집 안을 정리 청소하고 나의 몸을 정갈하게 하며 매일 살면 마지막 날이 온다 해도 오늘이 그날이다.

죽음 앞에서 하루를 어떻게 사는가 한다면 남은 것에 감사와 사랑을 주며 이별할 때까지 지내다 가면 된다. 하루를 이렇게 매일 보낸다면 축복이다. 사는 동안 서로 부정성보다 많은 긍정성의 말을 주고받으며 서로에게 미소와 함께 행복을 전한다면 죽음이 다가옴에 두려워할 필요가 없다. 더는 남에게 휘둘리지 않고 자신이 중심이 되어 자신을 사랑하며 사는 것이 이 세상에서 기쁨과 사랑을 잃지 않고 사는 것이다. 물건을 더욱더 가져야 한다고 물건을 쌓아 둔다면 물건의 노예가 되어 살다 간다. 우리는 이 세상에 잠시 살다 갈 뿐이다. 모든 만물은 흘러가며 오직 경험만 한다. 이 세상에 다 빌려 쓰고 간다는 말이 있다. 가족도 내가 사는 동안 임대이고 내가 죽는다면 계약 만료된다. 그래서 모든 것에서 집착을 버려야 한다. 집착을 버리면 자유가 온다. 모으기만 하고 쓰지 않는 물건들은 모아 주변에 나누며 살라고 한다.

집착을 줄일수록 우리는 삶이 풍요로워진다. 하루의 삶도 평소의 삶같이 살다 간다면 행복할 수 있다. 평소 주변에 사랑과 친절을 베풀고 하고 싶은 걸 하고 산다면 그날의 마지막도 이런 삶의 연속이면 된다. 이대로 아름답기 때문이다.

내게 단 하루의 삶을 주고 소원까지 들어 준다면 멋진 곳에서 내가 사랑하는 사람들과 나를 변화시킨 영적 스승과 축복을 누리고 싶다. 마지막 만찬에 그들을 초대하고 싶다. 그동안 내가 이 세상에서 당신들의 가르침에 정신적으로 행복하고 사랑을 나눈 삶을 고통 없이 살아서 행복했다고 감사의 낭독을 하고 싶다. 나는 그들의 박수와 환호를 받으며 퇴장하는 모습을 상상해 보았다. 자신의 감정을 있는 그대로 표현하며 자신으로 사는 삶이 매일 하루라면 성공한 인생이다. 미래의 자신을 상상하라. 많은 경험이 주는 기쁨이 모여 역사가 된다. 지금이 생의 마지막인 것처럼 하루를 자신을 사랑하며 살자. 당신의 삶이 매일 축제가 된다.

02

내 안의 자아와 대화

　인생은 언제나 혼자였다. 태어날 때도, 마지막 생을 다할 때도 혼자다. 많은 사람은 관계 속에서 무언가를 찾으려 한다. 군중 속에서 고독도 느낀다. 나는 혼자 있는 걸 무척이나 힘들어 했다. 사람과의 관계를 위해 외부로 나갔고 그것은 인정 욕구의 활동으로 보아야 맞는다. 우리는 차려입은 옷을 자랑하고 싶었고 자신이 다녀온 여행지를 말하고 싶었고, 그들은 관심이 없는데 자신의 이야기를 떠들고 다닌다. 누군가 자신의 이야기를 들어 주길 바란다. 마음도 하루면 수백 번을 널뛰기하고 선택지 앞에서도 많은 갈등을 겪는다.

　내면의 자아는 하고 싶은 일을 하면 되는데도 꼭 망설인다. 주변의 눈치와 따지길 잘한다. 그러다 포기하거나 미루기도 한다. 누군가에게 주는 선물도 가격으로 갈등한다. 고가의 제품을 보다가 낮은 가격으로 내려놓기도 한다. 누군가에게 전화하려고 하다가 그가 바쁘고 성의 없이 받을까 봐 전화기를 내려놓기도 한다. 내면의 자아는 매일 갈등한다.

누군가 나의 변덕에 비난의 목소리를 내도 괜찮다. 내면의 자아는 이미 자존감이 높아져서 그 말에 저항하지 않는다. 전에는 밤을 새우고 말을 곱씹기도 했으나 그건 감정 낭비라는 걸 알았다. 누군가 주는 비난 덩어리는 받아서 쓰레기통에 넣어 버리면 된다. 쓰레기는 쓰레기통에 넣어야 하지 않나? 쓰레기를 가지고 있으면 썩어 버리고 내 몸에 해로운 것이 되어 질병을 얻게 된다. 개인의 기호 변화는 괜찮다. 그게 나답게 사는 것이다. 남에게 피해를 주지 않고 감정을 말하는 것은 좋다고 본다. 상대가 질문을 한다면 진정성 있는 대화로 있는 그대로 대한다면 우리는 함께 성장할 수 있다.

나의 다양한 변덕은 변화의 다른 길이다. 다양한 사람들의 변덕도 본다. 그런데 그들의 변화인 변덕을 내가 수용하기 힘들어함을 알고 깜짝 놀란 적이 있다. 참 아이러니했다. 나도 수시로 머릿속 안에서 널뛰기로 오가면서 상대의 변덕은 받아들이지 못하는 것은 욕심이라고 생각한다.

나의 변화는 내가 인정하고 타인의 변덕은 못 받아들인다는 것은 상대에 대한 집착이기도 하다. 상대의 변덕도 귀엽게 받아들이면 내가 편하고 관계에도 좋게 맺어 갈 수 있다. 나의 변화를 나는 조용히 즐기고 있다. 남이 알아주지 않아도 좋다. 당신의 삶을 누가 이래라저래라 한다고 의미를 둘 필요가 없다. 남이 보면 변덕으로 보일 수도 있다. 짧은 시간에 변화가 왔기 때문에 삶이 축제이다. 가던 길에서 다른 길로 가도 된다.

나는 자신이 가치 있다고 생각하고 다양한 삶을 허용했다. 내게 질문을 하기 시작했다, "내가 진정 원하는 것인가?" 질문하고 생각하고 결정한다. 수많은 선택지 앞에 거부를 못 하고 두려워 끌려다녔던 삶은 공허함에 항상 피곤하였다. 나는 이제 거부권이 나에게 있음을 알고 내 안의 소리에 귀를 기울이고 몸도 건강하게 되었고 자신감도 생겼다. 마음의 태도가 바뀐 것뿐이다. 열린 마음을 갖기로 내가 선택했다.

나의 변화는 타인과의 대화 속에서 나타났다. 누군가 나의 한계를 그으려 해도 그 의견을 존중해 준다. 전과 같지 않게 반응하며 저항하지 않는다. 마음의 변화도 없다.

내 삶은 내가 책임진다고 생각한 뒤로 변덕도 즐긴다. 내가 오늘은 이것이 좋다고 말하고 내일은 싫다고 해도 남의 눈치를 안 본다. 나의 미래에 대해서도 가는 길에 변화를 주어도 남의 눈치를 안 보기로 했다. 내가 노선이 바뀌어도 남에게 변명을 늘어놓을 필요가 없다. 꼭 그래야 한다고 남의 기준을 내 것으로 삼을 필요가 없기 때문이다.

내가 하는 것에 실패해도 남에게 변명할 필요가 없다. 그들의 계획이 아니기 때문이다. 그런데 우리는 많은 경우에 타인에게 변명을 늘어놓는다. 내가 그랬다. 그것은 남을 의식했다는 것이다. 얼마나 힘겨운 삶을 살고 있는가?

나는 지금도 많은 경험을 하려고 한다. 남을 의식했다면 그렇게 하지 못했을 것이다. 누군가는 비난을 할 수 있기 때문이다. 주변에 말하지 않고 성실하게 해 나가면 된다. 나는 남을 의식하는 것에서 자유를 찾고 내가 하고 싶은 것에 초점을 맞추게 되었다. 나는 어디든 갈 수 있다. 어떤 일이 벌어져도 나는 그대로 수용하기로 했기 때문이다. 내가 8년간 해외에서 생활하면서 더 빛을 발했다. 두려움에 벌벌 떨었던 내 마음이 단단해진 것이다. 원대한 나의 꿈도 다시 꾸게 되고 내가 바라는 일을 하기 시작했다.

"나는"이라는 말에는 마법이 있다. '나는'으로 시작하는 확언을 하면 운명을 만들어 나갈 수 있다. 우리가 생각하는 말들은 대단한 위력이 있다. 영국에 있을 때 시가 보이는 공원 언덕에 올라가서 석양을 바라보며 "나는 꼭 여기를 다시 올 거야"라고 말했다. 분명히 몇 년 후 그 장소에 가 있을 것이라고 믿는다. 내가 어떤 생각을 품을지 누구도 방해할 수 없고, 가는 경로를 바꾸어도 누구든 빼앗아 갈 수 없다. 내 선택이 우선이다. 내 믿음과 의도가 중요하다. 내면의 목소리에 우리는 깨어나서 귀를 기울여야 한다. 우리는 하루에도 열두 번 마음이 흔들린다. 사회에서 말하는 소리와 어렸을 때부터 듣던 목소리에서 멀어져야 한다. 그 말에 물음표를 만들어 생각을 해 보자. 나를 믿고 가야 내 안의 자유를 느낀다. 남의 말에 흔들릴 이유가 하나도 없다는 것이다.

내면의 자아와 분리하여 내가 관찰자의 관점으로 바라보고 인생을 살라고 현자들은 말한다. 나는 내면 자아의 변덕을 사랑스럽게 봐 준다. 비난하고 미워할수록 문제에 빠짐을 알기에 내면의 소리를 들어 주고 너그럽게 바라보며 인정하고 수용하며 흘려보내 준다. 나는 하기 싫은 일과 타협을 거의 하지 않는다. 억지로 하면 모든 일은 문제를 만들고 더 수렁으로 빠지게 된다.

우리는 자신의 이야기를 하고 싶지, 남의 말을 들으려 하지 않는다. 이기는 게임을 하고 싶은 것이다. 그리고 우리는 서로 자기과시며 자기를 표현한다. 남의 변덕은 엄격할 정도로 못 받아들이고 자신의 변덕은 매우 너그럽게 받아들인다. 변덕과 변화는 매우 자연스럽다. 변명하거나 설명을 늘어놓지 않는다. 그 뒤로 나의 삶은 관계에서의 자유를 가졌다.

나대로 사는 삶이 자존감을 높여 주고 모든 관계와의 문제들이 풀려 나간다.

03

소망을 이루는 법

누구나 나이에 따라 소망이 바뀌고 그 소망을 위해 꿈을 꾸고 산다. 나의 소망 역시 진행 중이다. 해마다 큰 소망을 시각화하고 인터넷에서 사진을 캡처해 핸드폰에 저장하고 다닌다. 매일 보는 핸드폰 속의 그림은 이미 나의 삶의 일부가 된다. 내가 그 생각을 많이 하면 내 앞에 그림과 똑같은 현실이 펼쳐지는 걸 알고 깜짝 놀랐다. 생각한 대로 삶이 펼쳐짐을 믿는다.

수없이 많은 신제품이 쏟아지듯 소망을 이루는 법에 관한 미디어 영상도 넘치고 있다. 우리는 관심이 끄는 곳으로 흘러간다. 기존의 습관대로 가려는 사람의 습관은 정말 무서운 중독이다. 노트북에 프로그램을 깔고 작업을 하면서 우리 자신의 프로그램을 바꿀 생각을 하지 않는다. 맥스웰 몰츠의 『성공의 법칙』에서는 우리 안의 자동 메커니즘을 작동시킨다고 한다. 완벽하지는 않지만, 가능성은 완벽하다고 한다. 성공의 느낌일 때 자신감이 보태지면 우리는 성공적으로 행동한다. 성공한 사람과 실패한 사람의 차이는 능력의 차이다. 예상된 위험을 헤아려 보고 행동하기로 하는 능력의 차이를 말한다.

스스로 변하고 바꾸기로 생각했다면 저항을 멈추고 철저한 습관과 믿음만이 성공으로 이끈다. 나는 막연한 소망을 품고 기다리며 시간만 보냈었다. 그래서 아무 일도 안 일어났다. 내가 계획을 하고 목표를 적고 작은 것부터 시작했을 때 소망은 보이기 시작했다. 계속되는 습관만이 답이다.

성공을 해 보기로 마음을 먹었다면 죽어라 붙들고 우리 앞에 두어야 한다. 마라톤 완주를 보면 스타트는 다 똑같다. 초반에 먼저 달려가는 사람, 중간에서 실력을 발휘하는 사람, 결국 마지막 결승선은 누가 먼저 통과할지 아무도 모른다. 버킷리스트에 적어 둔 소망을 내가 죽는 날까지 실행하고 재밌는 삶을 살 것이라고 믿는다. 나의 명령에 잠재의식은 실행한다. 습관은 자동화되어 스스로 실행한다.

내 인생의 관계자 이외는 출입 금지해 보자. 관계자는 나 자신이다. 나 이외의 누구도 내 인생을 지휘할 수 없다는 것이다. 우리 주변은 방해꾼들이 많다. 전진하기 위해서는 이 방해꾼을 잠시 대기하게 두는 게 맞다.

자신의 에너지와 비슷한 사람들과 같이 가면 된다. 이런 뜻은 에너지가 긍정적인 사람들끼리 모인다. 우리의 잠재의식은 구분하지 못한다. 잠재 의식에 지시하기 전에 우리는 구분하여 긍정의 좋은 에너지를 넣어라.

자신이 지금 어떤 상태인지와 자신의 주변은 어떤 사람들이 있는지를 자신에게 질문을 해야 한다. 대답들은 거의 자신이 원했던 것들이 아닐 경우가 많다. 나의 상황이 부정성에 끌려가는지 자신에게 물어보는 시간을 가져라. 나는 변하기로 마음먹은 뒤로 부정성인 사람들로부터 멀어졌다. 그 대상이 나의 가족일 수도 있다. 가족이 부정성을 전한다면 더 괴롭다. 가까운 환경에 있어서 더 고통이 된다.

나는 거리를 두고 환경을 확 바꾸었다. 그곳이 어느 곳이든 상관없었다. 환경의 변화가 나의 소망을 이루는 데 많은 영향을 준 것을 알았다.

당신의 가장 친한 친구는 자신 안에 있는 자아이다. 자신을 탐구하기 시작하는 것부터가 깨달음의 길이고 내 안의 자아를 알아야 에고에서 벗어날 수 있다. 그것은 소망으로 가는 길의 내비게이션 역할을 한다. 우리가 막막할 때 기도했는데 이루어지지 않는다고 실망한다면 우리는 헛발질을 한 것과 같다. 소망은 믿음을 가지고 꾸준하게 행하여 나가야 한다. 내 안의 에고는 부정성에 허우적대기도 하고 자신이 자신을 못 믿고 포기를 할 때가 너무 많기 때문이다. 자신 안에 자신을 방해하는 적이 있다. 자신이 내린 결정을 못 믿고 집중하지 못하니 주변의 말에 쉽게 휘둘린다.

여행하면서 사는 게 꿈이었다. 작은 꿈을 따라가 보니 그 장소에 가 있었다. 터무니없는 꿈이라고 생각했지만, 내 안의 성공에 대한 갈망은 내 것이 되었다. 습관이 전부라고 해도 과언이 아니다. 꿈을 꾸고 그것에 집중하고 살았다. 그 열망은 어느 날 물질로 내 앞에 놓였다. 목표를 이룬 사람들은 자신의 한계를 만들지 않는다고 한다.

소망에는 다른 사람 의견이 있을 수 있다. 그러나 남을 위한 목표는 세우지 말아라. 오직 본인을 위한 소망에 맞추길 바란다. 이 세상에 우리는 일만 하다가 가라고 태어난 것은 아니다. 나는 내 안에 고귀한 존재인 그녀가 있기에 함부로 하지 못한다. 그녀가 평온해야 모든 일이 풀리는 걸 알기 때문이다. 그리고 그녀는 감사를 많이 한다. 이 감사는 더 행운을 부르고 성공으로 가는 윤활유다. 감사하면 우리의 마음에 부정성이 들어올 틈을 주지 않는다.

나의 목표를 대신할 사람은 없다. 내가 진심으로 원하는 것이어야 한다. 남을 위한 목표에서 벗어나서 내가 어떨 때 행복한가를 물어봐라. 외부 세상에서 찾지 않는다. 나는 노트에 원하는 것을 적는다. 적으면서 내 안의 잠재의식에 각인된다. 한 줄로 간략하게 적어 매일 말하고 생각해 보아라.

성장하고 싶으면 변화해야 한다. 작가 에머슨은 우리가 쓰는 에너지만 쑥쑥 자란다고 말했다. 에너지를 남에게 쓰지 말고 자신에게 쓰고 목표 를 명확하게 적고 그것에 에너지를 쓰라고 말한다. 성공으로 가는 길은 정해졌다. 내가 감사하는 것이 무엇인가를 노트에 적어 보아라. 이걸 쓸 때면 감사 못 할 것이 없다. 이것을 반복하다 보면 습관이 된다.

상상은 현실이 된다. 소망을 적고 상상하기를 연습해 보자. 내면이 먼 저 변화되면 행동이 변화된다. 우리는 항상 상상하고 살았다. 우리가 원 하는 현실을 데려올 수 있다. 나는 내 소망을 매일 내 머릿속에 넣고 생 각한다. 삶 자체도 상상의 산물이다. 내가 상상했는데 어느 날 그곳에 내 가 갔던 적도 있다. 그림으로 상상했던 것이 정확하게 작용한 것이다. 우 리는 상상의 활동을 하며 모든 환경을 만들어 낸다. 이것을 이용하지 않 고 사는 사람들도 많다. 꿈을 꾸지 않고 펼쳐진 대로 사는 삶이다.

마음 공부를 하며 우리의 소망도 자신이 상상해야 현실이 창조된다는 것을 알았다. 내면의 변화 없이 소망이 이루어지길 바랄 수 없다.

목표만 있고 행동이 없다면 아무 일도 일어나지 않는다. 소망을 성취하기 위해서는 자신을 버리고 원하는 모습만을 상상해야 한다. 마음속의 모든 상상은 현실로 만들기 위해 원하는 상태를 만들어 주어야 한다. 장미꽃을 상상하며 장미꽃이 없는 속에서도 향까지 상상해 보라.

과거와 이별해야 한다. 지금 이 순간의 삶 속에서 소망에 집중하고 그 안에서 산다. 상상한 소망은 우리 곁에 올 것이다. 마음속 시선을 이동하여 마음껏 상상을 해 보자. 상상 속에서 어떤 일이 일어날지 보는 것도 하나의 즐거움이고 행복이다. 소망을 이루는 법은 고요한 내면에 원하는 모습을 그리며 행동을 하면 된다. 소망을 위해 뒤도 돌아보지 말고 나아가라.

04

남의 말은 귓등으로 들어라

우리는 마음이 약해질 때 점집을 가고 사주와 한 해 운수를 본다. 자신이 원하는 걸 듣고 싶어 한다. 자신의 인생을 타인에게 넘겨주는 기가 막힐 일을 한다. 불길한 말이라도 듣게 되면 하루 종일 기분이 안 좋고 그 생각을 하니 그 현실을 만들기도 한다. 얼마나 끔찍한 일인가? 남의 말에 의심을 안 하고 여과 없이 들어 버린 것이다. 그것이 검증된 것인가? 우리는 너무 쉽게 남의 말을 듣고 믿고 산다.

자신을 어떻게 인식하느냐는 우리의 결정이 할 일이다. 우리는 타인에 관심이 많다. 내 삶에 중점을 두고 살아야 한다. 타인과 거리를 두고 살아야 한다. 그러나 타인과 엉키기를 바라고 사는 사람도 있다. 그것은 타인에게 의존하고 사는 삶이다. 이제는 타인에게서 빠져나와야 한다. 선택은 우리의 몫이다. 타인도 각자의 삶을 살도록 해 주어야 한다.

우리는 자라면서 부모의 강요와 바람 속에 살고 잠재의식에 깊숙이 뿌리내렸다. 이렇게 우리는 우리가 원하는 삶이기보다는 타인이 원하는 삶을 살아간다. 우리 또한 타인의 인생에 관여하곤 한다. 이것은 자신의 마음을 타인에게 투사하고 책임도 타인에게 있다고 생각하는 것이다. 우리의 오래된 생각들은 주변의 부모님과 지인에게서 배운다. 어려서부터 자신의 의지에 따라 행동하지 못하고 받아들이는 것을 배웠다. 나는 내 마음속에 올라오는 감정을 억압하고 억울해 하는 것을 반복했다.

우리는 타인의 감정 기복에 갇혀 있다. 타인을 판단하고 타인의 생각에 깊이 관여한다. 이것은 자신의 두려움을 투사하려는 것이 강한 것이다. 타인을 통제하려 하고 참견하는 것에서 벗어나고 물러나야 한다. 타인이 자기의 삶을 살도록 두어야 한다. 타인의 이런 통제는 상대의 모든 것을 막는다. 자신이 부족하다고 느낄 때 우리는 누군가를 끌어 내린다. 그래야 본인이 안정감을 느낀다고 생각한다. 타인의 감정에 우리는 우리 안에 갇힌 사람이 된다. 매일 타인과의 대화 속에 상대에게 공포를 주는 말을 한다. 가까운 가족이 통제하며 대화할 때는 마음이 불편하다. 이럴 때는 잠시 거리를 두어야 한다.

타인과의 관계에서 대화를 나누다 논쟁으로 들어가 서로 이기려는 마음이 들면 나는 잠시 내려두고 평화를 선택하고 깊은 호흡을 한다. 언쟁의 끝은 불편함을 주어 또 다른 문제를 만든다. 우리는 타인의 감정을 책임지지 않아도 된다. 타인의 말에 신경을 쓰지 않고 살기에는 많은 연습이 필요하다. 타인을 이제 놓아줄 필요가 있다. 타인의 속박에서 벗어나면 자신에게 집중되는 삶을 살게 된다. 타인도 나처럼 그들의 삶을 살도록 두어라. 서로의 통제를 내려놓으면 삶이 여유로워진다. 나는 타인의 감정에서 서서히 벗어나면서 마음의 평온을 얻었다. 타인의 말에 내가 흔들리지 않기 위해서는 거절을 잘하고 살아야 한다. 일론 머스크는 어느 인터뷰에서 "나의 아내가 나에게 자신과 똑같은 제2 일론을 만든다면 무슨 말을 해주고 싶냐고 물었는데 그때 나는 거절이라고 했다."라고 말했다. 자신의 인생에 방해 받을 일은 거절했다는 것이다.

불필요한 곳에 에너지 낭비를 하고 산다면 본인에게 필요한 에너지가 고갈된다. 우리는 거절을 못 해 자신의 삶을 통제 받는 경우가 많다. 타인의 불편한 감정과 요구는 거절할 줄 알아야 그들의 통제에서 벗어날 수 있다. '노'라고 당당하게 말할 줄 알아야 한다는 것이다.

우리는 수도 없이 타인과 말로 갈등을 빚고 산다. 타인에게 모든 힘을 주었을 때는 자존감마저 떨어진다. 상대에게 힘이 넘어갔기 때문이다. 타인의 평가 때문에 어느 날은 바보가 되기도 한다. 타인이 평가하려 들면 그들의 마음에 평가하려는 마음이 들어 있다고 생각하면 된다. 대화 속에 거슬린 대화가 있다. 나는 누군가의 지적을 받으면 피하게 된다. 내가 타인을 판단해도 나와 같이 타인은 피할 것이다. 이것은 서로 평화롭지 못한 행동이다.

얼마 전 어머니 집에 다녀왔다. 샤워하며 보니 바닥이 미끈거리고 타일에 곰팡이가 끼어 있다. 연세가 많으셔서 청소하기 힘이 드신 거다. 아무 말 없이 청소를 깨끗이 해 드렸다. 이것도 어머니가 원하지 않으시면 내려놓아 어머니와의 평화를 깨지 않을 것이다. 잔소리 없이 어머니의 칭찬을 받았고 우리의 관계도 그날 흡족하였다. 오랜만에 어머니에게 주꾸미가 먹고 싶다고 응석도 부려 본다.

타인이 내게 어떤 것 하나 통제할 권한은 없다. 우리는 타인의 말에 성격까지 변해 살았다. 그들이 지정한 성격을 내 성격인 것처럼 세뇌되어 살고 있던 것이다. 어디도 끌려가지 않는 마음이 중요하다. 타인을 어떻게 대하는지를 우리가 결정하면 된다. 나의 삶을 내가 조각할 수 있단 말이다.

누군가 나의 성격을 지정해 주면 요즘은 웃는다. 그들은 나에게 투사하고 있기 때문이다. 내 안의 그녀는 미소를 지어 보인다. "그런가요"라고 그의 의견을 존중하며 평화를 유지하고 싶기 때문이다. 그렇게 말한 타인을 바꾸고 싶지 않고 에너지를 소비하고 싶지 않은 것이다. 그들이 내게 던진 말은 그럴 만한 이유가 있다고 보면 된다. 남의 말은 중요하지 않다. 반사적인 행동에 더 미소로 답을 하는 게 좋다. 그런 말을 하는 타인의 마음 상태만 알고 있으면 된다.

우리의 모든 행동에는 사랑과 두려움이 공존한다. 남의 말에 신경이 쓰인다면 잠시 거리를 두고 내 안을 탐구하며 결국 자신이 타인을 어떻게 대할지만 선택하면 된다. 타인은 우리를 통제할 수 없으며 타인을 조언하는 것에서 내려놓으면 편하다.

누군가 우리에게 공격을 가하는 말로 급습해 온다면 나는 반응형 인간인가? 대응형 인간인가?를 생각해 보자. 나는 이제 반응보다 대응한다. 내가 통제할 수 없는 것을 내 손안에 넣으려면 몸이 아프고 머리만 아프게 된다. 이제 나는 이것을 버렸다. 남의 말에도 격하게 반응하지 않아서 평화가 오고 내 안의 그녀가 평온하길 바란다.

남의 말에서 자유롭기 위해서는 우리는 단순하게 살 필요가 있다. 현자는 말한다. 있는 그대로 살며 지금을 산다면 남의 말에 휘둘리는 것으로부터 멀어진다고 한다. 우리의 문제는 우주의 작은 점에 불과하다. 타인을 어떻게 생각하기보다 먼저 나를 어떻게 대할지를 생각하고 살자.

남의 말은 귓등으로 들어라. 당신에게 평화가 온다.

05

내 안의 자아에게 친절하라

고통은 어디에서 오는가? 오지 않게 할 수 없을까? 의문을 품고 마음 공부를 하기 시작했다. 내 안에서 시도 때도 없이 지껄이는 자에 대해 의문을 가진 적도 없었다. 나와 일치하며 고통과 두려움을 안고 살면서 자신을 비난했기 때문이다. 이 지껄이는 자는 남과 비교도 하며 변덕은 죽 끓듯이 하고 하루도 가만히 있는 날이 없었다. 종일 고민하고 사라지길 바란다. 내 안의 문젯거리는 점점 많아져서 머리가 터지도록 아팠다. 우리가 집중하는 것은 더욱더 증폭된다. 삶의 희생자가 된다.

이 모든 고통으로의 길은 자신이 가진 습관이 만들었다. 이 습관에 우리는 외부에서 이유를 찾기도 한다. 외부 세상으로의 경험으로 폭식하거나 약 중독, 알코올중독, 쇼핑 중독으로 경험하려 한다. 외부 세상을 탓하며 보냈다. 세상을 보는 관점은 부정적일 수밖에 없었다. 타인을 바라보는 마음도 질투와 그들의 단점이 드러나면 자신을 높였다. 내가 우월

하다는 것을 증명이라도 하듯이 말이다.

　외부의 세계에서 나의 내부를 들여다보게 되었다. 우리 내면에는 에고와 참자아가 있다고한다. 에고는 매일 부정성으로 흐르기 쉽고 도대체 침착하지 못하다. 좋은 생각을 할 때는 기분이 좋은데 누군가 부정적으로 말을 하면 쉽게 휩쓸려 가곤 한다. 우리의 마음은 에너지고 파동이라 자신에게 영향을 받는다. 나는 많은 시간 동안 내 안에서 일어나고 있는 일에 의문을 가지지 않았다는 것에 대단히 놀랐다. 내부의 자아는 어려서부터 부정성을 받아 제한된 자아가 형성된 것이다. 우리들의 대화는 또 어떤가? 뉴스나 미디어의 영향으로 부정적 대화를 방출하며 자신 안에 부정성을 쌓아 가고 있는 행위를 계속하고 있다. 우리는 이것으로부터 탈출할 생각을 해야 한다. 그러기 위해서는 하루의 시작부터 내 안에 긍정을 주어야 한다. 아침부터 내게 주는 긍정을 해 보자. 확언도 연습해야 한다. 자연스럽게 내 것이 되게 말이다. 오랫동안 연습을 하고 내 안의 자아에 긍정으로 가득 차도록 들려주어야 한다.

　외부 세상의 관심은 비교와 비판의 연속이다. 끊임없는 부정성에 우리는 피곤하고 남의 말 한마디에 검증도 없이 흡수해 버린다. 자신의 시커멓게 타 버린 부정성을 한꺼번에 바꾸고 싶어 한다. 그러나 몇 년을 숨어든 부정성이 하루아침에 다 변화되기는 힘들다. 부정적 습관은 버려야 할 것이다. 고치는 것이 아니다.

불평하는 자신을 인식해야 한다. 인식하게 되면 이미 변화의 시작이다. 내면의 소리를 듣고 평온할 때 모든 문제로부터 제거됨을 알게 되었다. 어떠한 선택에도 내면의 소리의 자아가 무엇을 원하는지 따라가면 가장 안전한 곳으로 갈 수 있다. 자아가 부정으로 가득 차 있고 고통이 머문 상태라면 에너지는 부정적인 방향으로 흐른다. 내가 원하는 부와 풍요도 흘러 들어온다는 것을 알 수 있다. 내가 원하는 부를 가지려면 어떻게 해야 하나? 내면에 물어보아 보면 답을 줄 것이다. 내면의 자아와 안정적으로 지낸 뒤로 목소리를 들어 주고 있다. 외부에서 지껄이는 부정성에 나는 유연하게 대처하게 되었다.

영국에서 시간적 여유 없이 바쁘게 일하며 보냈었다. 평일 낮에 산책을 하며 내 안의 자아에게 물어보았다. "지금 원하는 게 무엇이니?" 지친 내게 해 줄 게 무엇인가를 생각해 보았다. 우선 일하는 시간을 줄여 보기로 했다. 몸과 심신이 지쳐 있었기 때문에 시간적 여유를 주기로 했다. 영국에서 유명한 플라워 스쿨 입학을 원하는 내 안의 소리를 들었다. 그러자 내 안의 자아는 생기가 돌기 시작했다. 그 생각을 무시하고 억눌렀다면 한계에 가둬 쓸모없는 사람이라고 생각할 것이다. 무엇을 하려 해도 남의 생각을 묻고 남이 결정까지 내려주길 바랐다. 이런 행동의 반복은 아무것도 할 수 없는 인간으로 만든다. "나는 할 수 없어"라고 잠재의식에 넣고 굳힌다. 간단하게 무기력한 인간이 된다. 그동안 우리가 세뇌되어 온 모든 정보가 잠재의식에 내장되어 버린 것이다.

내 안의 잠재의식에게 긍정적이고 희망적인 메시지를 주어 자동으로 메커니즘을 돌려 원하는 방향으로 가게 해 주면 된다. 우리가 원하는 것만 선택하여 그것에 집중하면 된다. 부정적 에너지를 차단하고 근처도 가지 않게 연습하는 방법밖에 없다. 나는 매일 확언과 함께 내게 영향을 미치는 부정적 말을 하는 사람과도 거리를 두었다. 처음에는 부작용이 따르고 주변에서 방해를 할 수도 있다. 당신이 그들 가는 길을 같이 가길 원할 수도 있다. 우리는 익숙한 길로 가게 되어 있다. 인간은 오작동으로 잘못된 판단을 반복한다고 했다. 세련되지 못하고 약간 엉망인 행동이다. 우리의 뇌를 최적화해야 올바른 선택을 할 수 있다고 한다. 내 안의 자아를 살피면서 오작동으로 잘못된 선택을 하는지 잘 살펴보고 일을 진행해야 한다. 인간의 오작동을 이해한다면 쉽게 풀릴 듯하다. 내 안의 자아를 살펴보아야 한다. 내 안의 자아에게 친절하게 대하여라.

우리의 내면에는 두 자아가 있다. 하나는 에고인 자아와 다른 하나는 참 자아라고 하는 순수의식이다. 하나의 자아가 마음에서 온갖 투정을 부리고 반항한다. 어디에서 누구에게 물어볼 생각을 못 한 것이다. 지금의 나는 변해 있다. 내면의 목소리를 듣게 된 것이다. 이것은 인생을 사는 데 큰 기쁨을 준다. 지금은 차분하게 내면을 쳐다보는 여유를 부린다. 내면의 세계는 내가 조정할 수 있다. 내가 경험하는 모든 것은 내 안의 마음의 세계가 만든 것이다. 세상은 통제하지 못해도 내 마음속 자아를 조정하여 변화시킬 수 있다. 나는 외부 세계를 변화시키려고 애를 쓰며 살아왔다. 그 애씀이 질병을 만들고 고통을 주었다. 세상은 변하고 앞으로도 변할 것이다. 사람과의 관계도 집착을 하며 본인이 변화시킬 수 있다고 한다. 그것은 착각이다. 이제는 이 지껄이는 자아를 살피며 바라보고 인정해 주면 지껄임은 사라진다. 자신과 동일시만 안 하면 두려움이 사라진다. 나는 두려워하는 그녀를 바라볼 뿐이다. 우리는 두려움을 선택할 자유가 있다. 이 두려움이 내 것이라고 착각하고 타인에게 들킬까 괴로움의 연속이다. 저항하는 인생과 전쟁을 하는 것이다.

나는 오늘도 내 안의 목소리를 내는 자아와 잘 지내려고 한다. 포장하지 않을 것이며 있는 그대로 볼 것이다. 왜 우리는 있는 그대로 보지 못하는 것인가? 그것은 두려움 때문이라고 말한다. 내면의 소리를 무시한다면 억압되어 꼭꼭 눌러놓은 자아는 폭발하게 된다. 두려워 말고 잠재의식을 사랑해 주고 달래 주며 부정성은 흘러가게 해 주자. 삶은 언제나 변하고 싸우지 않고 산다면 두려움은 사라진다. 모든 것을 있는 그대로 인정하고 바라보는 관찰자 입장이 된다면 내 안의 에너지는 잘 흘러갈 것이다. 알아차리고 흘려보내야 한다. 잠재의식이 두려움 대신 사랑으로 가득 채워져 있다면 외부 세계를 다른 관점으로 바라보게 되어 행복한 삶을 살 수 있다. 아주 친절하게 내면의 자아 소리를 들어 주자.

06

많은 경험이 성공을 부른다

행복과 불행은 무슨 관계가 있다고 보는가? 불행이라고 생각할 때 그것이 하루빨리 사라지길 바란다. 성인이 되고 책임질 게 많아지면서 큰딸이라는 꼬리표를 달고 가족의 자랑이 되어야 했다. 기대에 미치지 못하는 날에는 한없이 작아졌다. 출발도 하기 전 두려움에 포기도 하고 바보스러운 모습에 자신을 비난하기도 했다.

철학자 니체의 『즐거운 학문』에서 행복과 불행은 함께 성장하고 함께 멈추는 관계라고 했다. 행복을 원한다면 불행이 오는 것을 오히려 감사해야 한다고 한다. 이러기는 쉽지 않다. 지금 불행한데 어떻게 감사하다고 말하라 하느냐고 말이다. 나는 불행하다고 생각할 때 외부 세상을 부정적으로 바라보았다. 행복한 사람들을 보면 '그들은 충분한 부가 있어서 행복할 거야' 하며 물질적 욕구를 우선으로 생각한 것이다. 행복한 삶을 영위하기 위해서는 하루아침에 이루어지기는 쉽지 않고 그 과정에 역경도 함께 온다. 그 역경은 실패이기보다는 더 자신을 보는 과정을 걸쳐 비로소 자신이 원하는 삶에 이르는 길이다.

니체는 '두 종류의 사람 중 누가 행복한가?'라고 질문을 한다. 첫 번째 사람은 미다스의 손으로 실패가 없는 사람, 두 번째 사람은 계획한 일이 실패만 한 사람. 이 둘 중 누가 행복한가? 여기서 니체는 두 번째 사람이라고 한다. 첫 번째 사람은 우리 주변에 소수의 사람이다. 두 번째 사람은 여러 번의 실패로 불행을 느끼지 않는 이유와 계획을 너무 심각하게 취급하지 않는다. 우리는 실패 앞에서 고통을 겪고 쉽게 포기한다. 그러나 많은 시도를 하는 것은 실패를 배움으로 생각하기 때문이다. 실패를 많이 할수록 그만큼 빨리 일어난다는 것이다. 실패를 기회로 만드는 사람이다.

많은 시도는 작은 실패와 큰 실패의 경험을 준다. 어떤 것을 하기 겁난다는 사람이 있고 다른 방향의 사람은 실패를 거울삼아 더 잘할 수 있다고 한다. 나는 후자의 사람으로 실패하더라도 물러나지 않으며 시도한다. 예상치 못한 불행이 또 올 수도 있다. 그러나 공부하고 좋은 습관을 들인다면 좁혀질 것이다. 마음먹은 대로 흘러가지 않아 고통을 피해 시작도 안 한다면 그만큼 선택과 기회가 사라지는 것이다. 실패가 두려워 피하는 삶은 그만큼 내가 원하는 삶으로 갈 수가 없다.

나는 해외에서 근무하며 여러 가지 시도를 해 보았다. 호기심이 내가 원하는 곳으로 끌어다 주기도 했다. 폴란드에 있으면서 영국으로 넘어간 것도 모험을 걸고 간 것이다. 주변에서는 편한 삶을 두고 리스크를 안고 가려는 것에 의아해했다. 불안과 근심은 때로는 더 환상적인 삶을 만들기도 했다. 나의 비전 보드에 있는 플라워 학교가 나를 영국으로 끌어당긴 것이다. 갈 때는 그것이 목적이 되어 간 것은 아니었다. 얼마나 멋진 일인가? 내가 폴란드에서 영국으로 넘어가지 않았더라면 멋진 세상이 펼쳐지지 않았을 것이다.

우리는 때론 그 길이 아닌 곳에 있는 자기 모습을 보고 더 좋을 수도 있고 나쁠 수도 있다. 우리가 원하는 곳이면 모든 일들이 잘 풀릴 것으로 생각한다. 열악한 곳에 있다고 고통을 겪는다고 생각할 수 있지만 그것은 과정에 불과하다.

내가 필리핀의 열악한 곳을 다니며 공포와 두려움에 하루하루를 보내며 지낼 때도 나는 이곳이 끝이라고 생각하지 않았다. 또 다른 곳이 펼쳐질 것이라는 희망과 기대를 했다. 매일 책을 손에서 내려놓지 않았고 긍정적 생각을 위해 노력했다. 필리핀 거리를 다니면 소매치기가 빈번하고 길거리에는 신발 없이 다니는 아이들이 있었다. 가난한 동네에서는 앳된 십 대 여자가 아이를 안고 있는 모습을 많이 보았다. 나는 그들을 보고 가슴이 아팠다.. 환경이 열악하여 힘든 날을 보내기도 했다.

　나는 필리핀에서의 생활이 끝이 아니었다는 것은 폴란드로 가면서 증명되었다. 그곳에서의 생활은 호화로운 것은 아니었지만 필리핀에서의 생활보다는 심신을 안정시켜 주었다. 나의 삶도 나의 의지로 흘러감을 알게 되었다. 있는 대로 보는 것이 아니라 믿는 대로 보인다가 맞다. 아예 쳐다도 보지 않고 살다가 세상에 내가 던져지고 그 속에서 버티기 위해 삶에 필요한 사소한 것을 배우고 익혔다. 지금은 세계 어느 나라를 가더라도 길을 스스로 찾아가기도 한다. 지금 그 순간을 실패고 고통이라고 생각한 것에서 하나의 과정이라고 생각해 보아라. 그 생활도 지나고 보면 추억이었고 경험이 주는 기쁨이기도 한 것이다. 실패를 반복한 인간이 행복하다고 한 이유를 지나온 삶이 말해 주었다. 깜깜하고 주변 사람들이 "왜 저러고 살아"라고 말해도 혼자만이 침묵 속에 유유히 걸어가 보길 바란다. 나는 걸어서 긴 터널을 넘어왔다. 고통도 지나고 보면 그것에서 배울 게 많았다. 경험이 없었다면 그 값진 실패에서 오는 행복감은 못 느끼고 살다 간다.

　누구든 같은 시간 속에서 다양하게 시간을 쓰면서 살고 있다. 하루는 내가 사용하는 시간에 대해 심각하게 생각해 보았다. 계획을 하고 시간을 사용하기도 하고, 시간이 가는 대로 살기도 한다. 나는 내게 주어진 시간 경험을 할 수 있는 곳에 사용하고 싶다. 이러기 위해서는 자신을 한 계에 가두지 말고 마음을 열고 수용한다면 사는 데 더 많은 기회가 주어진다. 나는 환영하며 살고 있다. 내가 원하고 나답게 사는 것에 쓰고 싶다. 시간은 돈과 바꿀 수가 있지만 본인에게 주어진 시간은 저장고에서 삭감되고 있다. 우리의 시간을 팔아 노동을 제공하고 돈으로 교환을 할수 있다. 나도 지난 8년간 열심히 시간을 팔았다. 시간 관리를 잘하여 소망에 가까워지기 위해 내가 할 수 있는 게 뭘까? 생각하며 성장하는 데 시간을 쓰기로 한 것이다. 내 지갑 속의 시간도 신용카드 긁듯 미래를 끌어다는 쓰는 것과 같다.

나는 매일 아침 나의 하루를 긍정으로 시작한다. "로즈야, 사랑해"라고 시작하면 하루가 기쁘고 행복으로 가득 찬다. 그리고 변하는 자기 모습을 본다. 자신에게 좋은 말을 해 주면 용기도 생겨 하고 싶은 일에 도전하고 싶어진다. 우선 자신의 마음 상태가 중요하다. 마음이 부정성이면 기름진 땅이 아닌 곳에 씨를 뿌린들 그곳에서 피는 작물은 죽고 만다. 그래서 우리는 무엇을 하든 기본인 마음을 가꾸어야 하고 자신을 볼 줄 알아야 한다.

나는 이 방법 중 최고는 감사하는 마음이라고 말하고 싶다. 감사하는 마음은 나와 타인이 동시에 기쁜 감정이고 그 에너지는 파장이 엄청날 것이다. 감사는 모든 순간이 특별해진다. 타인에게도 감사하지만, 자신에게 감사함이 먼저여야 자신감이 생긴다. 감사로 채운 자신감은 우리에게 할 수 있다는 용기를 주어 더 많은 경험을 해 볼 기회를 만들어 나간다.

내가 하고 싶은 것을 하고 산다면 그것이 행복이고 나로 사는 기쁨이다.

07

내 안의 거인을 깨워라

스타벅스에 있다. 아메리카노를 주문하고 밖이 보는 창가에 앉아 이 글을 쓰고 있다. "이 모든 변화는 어디서 시작하고 어디로 갈까?" 인생이 뜻대로 흘러간다고 믿지 않을 때 타인이 화제가 되고 인생의 절반은 가고 있다. 나와 타인은 철저히 분리되어 있었다. 그래서 두려움과 질투가 더 컸다. 숨어 지낸 내 안의 자아를 생각하면 눈물이 난다. 우리가 내 안의 자아를 조금이라도 알고 간다면 고통 속에 살지 않았을 것이다. 이걸 알기까지 많은 시간이 걸렸다.

자주 원인 모를 두통에 시달렸다. 조금 좋아진 듯하다가 증상이 나타나기를 반복했다. 결국 나는 밤새 열로 목과 얼굴이 붓고 체중이 많이 빠져 병원에 가기도 했다. 성인이 되고 질병에 집착한 것이다. 부정성인 질병에 집착했으니 질병 안에 갇혀 살았다. 만성피로는 나의 의욕마저 상실하게 했다. 나 자신을 사랑하고부터 지금까지 건강하게 지내고 있다.

건강과 자기 사랑이 연관이 있을까? 하지만 바로 내가 증인이다.

지금의 나는 질병에 집중하기보다 건강함에 감사하며 지낸다. 모든 것은 질병에 대한 두려움이 그 상황을 만든 것이다. 진통제를 입안에 털어 넣고 저녁이 되면 지치고 힘든 몸을 끌고 잠을 자면 아침이 오는 게 두렵기도 했다. 원인 모를 아픔은 폴란드에 가 있는 동안 서서히 풀려나갔다. 산책하며 마음이 안정되고부터 깔끔하게 씻은 듯 몸이 가볍고 복용하던 약도 휴지통에 넣어 버렸다. 이런 변화는 어디에서 온 걸까? 원인과 결과의 과정이었다. 한동안은 몸이 가벼워지고 정신이 맑아지며 무엇이든 하고 싶다는 의욕도 치솟았다. 마음의 평화가 온 것이다. 마음의 상실은 몸의 질병에 영향을 받는다. 치유하는 사람도 자신이다. 나는 이제 아프면 내 안의 마음을 본다. 내 마음이 미움과 용서를 못 한 것이 있는지를 본다.

모든 것은 마음에서 오는 것이다. 내 생각과 의지는 나만 통제할 수 있다. 내가 아픈 것도 마음에서 나온 것이고 이것을 내가 어떻게 생각하느냐에 달려 있다. 내 생각이 에너지다. 그 에너지는 몸의 건강과 질병을 만든다. 억압된 에너지가 질병을 가지게 한다. 내 안의 긍정적인 말들로 나를 채우고 나의 몸이 건강함 속에 머물고 있음을 알고 있다.

인생을 살며 몸이 건강한 것은 앞으로 많은 경험을 하게 만들어 준다. 아픈 몸은 우리의 정신적 상실을 주고 의욕마저 없어지게 한다. 치유는 내 안에 있고 자신만의 탱크를 가지고 있다. 우리의 탱크에 "내가 어떤 것으로 채워 볼까?" 생각해 보도록 하자. 내 안의 치유는 자신만이 할 수 있다. 치유의 과정은 자신만의 탱크에 무엇을 넣어 주느냐에 따라 효력이 발생한다.

첫 번째로 사랑을 주는 게 먼저라고 생각한다. 내 안에 사랑이 텅 비어 있으면 우리는 누구에게도 줄 수가 없다. 우리 자신도 텅 비어 있으면서 외부에서 사람을 붙들고 사랑을 달라고 한다. 그들은 줄 게 없다고 말한다. 외부에서 사람을 갈구할 때 타인이 안 주면 실망하고 분노하고 비난한다. 그리고 우리는 "당신이 내게 사랑을 주지 않는다면 나도 줄 수 없어요."라고 말한다. 사랑받기 위해 조건을 제시하기도 한다.

텅 빈 공간을 서로 바라보며 상대가 줄 때까지 떼를 쓰기도 한다. 우리는 빈 곳간에서 무엇 하나 줄 수 없다. 명심해야 한다.

두 번째로 자신의 탱크에 긍정의 말을 해 주어야 한다. "나는 할 수 없어." "내가 잘못했어." "내게 불행만 있어." "나는 부자가 될 자격이 없어."라는 부정적인 말을 매일 했다. 우리는 자라면서 부정적이고 자신 없는 말을 속으로 하며 자신을 억압했다. 이게 우리의 모습이다. 우리는 수시로 부정성이 나오게 프로그래밍돼 있다고 한다. 대화할 때마다 끝이 부정으로 끝나는 사람들의 얼굴을 보면 맑지 못하고 두려움에 떨고 있는 게 보인다. 그것은 내 안의 부정성을 타인에게 투사하고 있기 때문이다. 우리는 지금부터는 "나는 할 수 있어." "나는 사랑받을 자격이 있어." "나는 행복할 권리가 있어." "나는 있는 그대로도 괜찮아." "나는 멋져." "나는 건강해." 등 자기 긍정으로 바꾸어야 한다. 매일 연습을 하고 반복하면 어느 날 자연스럽게 내 것이 되어 하나도 어색하지 않다. 우리는 이 세상에 태어나서 죽으라고 일만 하다 갈 존재가 아니다. 나만의 탱크에 긍정 언어를 채운다면 긍정 에너지가 가득 차게 되어 항상 웃는 행복한 사람이 이미 되어 있을 것이다. 매일 글로 쓰고 말로 하다 보면 변해 있는 자신을 보고 놀랄 것이다.

세 번째로 채울 것은 감사이다. 현재 내 앞에 있는 것에 감사를 표현해 보자. 타인이 내게 베푼 물질이든 행위든 모든 것에 감사하자. 자신의 탱크에 감사를 채우면 타인에게 줄 감사가 있는 것이다. 아침에 일어나서 건강함에 감사하고 나의 침대에 감사하고 아침에 물 한 잔에도 감사를 표현해 보자. 감사 일기를 쓸 것을 권해 본다. 루이스 L. 헤이 작가는 대금 청구서에도 감사함을 보내라고 한다. 이것은 갚을 능력에 감사를 표한 것이라고 한다. 우리에게 돈은 필요로 할 때 생긴다고 한다. 감사의 주파수는 높은 주파수다. 많이 감사할수록 우리의 자존감은 높아진다. "나는 살아 있음에 감사하다." "내가 창조할 수 있음에 감사하다." "내 앞에 풍요가 펼쳐짐에 감사하다." "나에게 있어 모든 일이 순조롭다."라고 감사하는 말을 해보자. 감사하는 마음은 풍요를 부른다.

우리의 탱크에 채워진 사랑, 긍정의 말, 감사는 우리를 풍요롭게 만든다. 공급은 모인 곳에서 벌어진다. 절대로 마르지 않는 자신만의 탱크가 살아가는 데 무기가 된다. 우리는 앞으로 전진할 일만 남았다. 내가 나눠 줄 사랑이 더 많은 풍요와 사랑을 만들어 다시 받게 된다. 나는 이 연습을 계속하여 길을 가다가 모든 사람에게도 사랑과 감사를 표한다. 이럴 때마다 더 충만함을 느낀다. 물질이 아니어도 우리가 주는 긍정의 감정은 좋은 기운이 흐르게 한다. 내 몸도 내가 사랑했을 때 건강하게 지낼 수 있었다. 사랑으로 가득한 자신만의 탱크는 사람과의 관계에 있어서 평화롭게 풀려나간다. 우리는 두려움에서도 풀려난다. 점차 두려움이 있었는지 모를 정도가 된다. 내 안의 탱크를 잘 관리해 보자. 잘 관리한다는 것은 갑자기 부정성이 안에서 떠오르면 긍정의 언어로 채워 주고 감사하는 마음을 가진다면 두려움에서 풀려난다.

내적 마음이 차분해지면서 외부 세상을 바라보는 관점이 사랑으로 바라보게 되고 모든 일이 잘 풀려나간다. 숨을 쉬고 있는 지금 이 순간을 긍정으로 바라보게 된다면 얼마나 감사한 일이 많아지고 고통마저 우리가 느끼고 봐준다. 고통은 내게 삶의 변화와 교훈을 주기도 한다. 모든 것은 머물다 흐른다. 우리가 집착하는 대상은 움켜쥘수록 도망간다. 사랑으로 채워진 탱크에서 타인에게 줄 수만 있다면 모든 삶이 술술 풀리듯 흘러가는 것에 놀라게 된다.

우리는 이 세상을 살고 있지만 꿈을 꾸고 있다고 한다. 외부 세상의 심각한 모순을 받아들이지 말라고 한다. 그것은 꿈이다. 흘러서 오늘은 어제와 다른 오늘이다. 이렇게 생각한다면 우리는 두려울 게 없다. 사랑과 감사로 채워진 탱크에서 잠든 거인을 깨워라.

6장

진정한 부는
돈이 아니라
내 안의 지혜이다

01

감동의 호르몬은 문제를 해결해 준다

다이돌핀은 벅찬 감동과 사랑을 느낄 때 생기는 호르몬이다. 엔도르핀의 4,000배라고 한다. 인생에서 다이돌핀은 감사할 때 더 생성된다고 한다. 자신의 인생에 다이돌핀이 많이 분비되면 건강도 지켜 줄 것이다. 면역 체계에 관여하므로 암도 이겨낼 수 있다. 많이 웃고 감사하며 감동할 수 있다면 그 인생은 아름다울 것이다.

사랑은 받는 것으로 생각하며 유년시절을 보냈고 20대에는 사랑을 받으려고 밖으로 나갔다. 사랑을 받기 위해 내가 만든 드라마의 주인공이 되어 사랑을 갈구했다. 받은 사랑이 부족하면 실망하고 타인을 미워하기도 했다. 밤을 새워 가며 내가 쓴 각본을 고쳐 보기도 한다. 여러 번 생각하며 혼자 에펠탑을 쌓기도 한다. 모든 생각과 느낌에 꼬리표를 만들어 우리는 타인에게 투사한다. 이 이야기를 만들기 전까지는 평온했다. 타인은 지어낸 자기만의 드라마를 쓰고, 나는 나대로 쓴 드라마에 여과 없이 생각하고 고민한다. 우리는 현실을 바꿀 수 없다. 그런데 저항하며 바꾸려 하니 거짓된 삶을 사는 것이다. 우리가 지어낸 이야기 속에 살면 우리는 외롭고 두렵고 고통 속에 산다. 어떤 사실에 집착하는 것은 그것을 믿는다는 것이다. 믿어 버린 진실에 집착하고 우리가 지어낸 이야기 속에 산다는 것을 안다면 우리는 고민하지 않아도 된다.

내 안의 작은 자아가 꾸민 드라마에 살고 있음을 알았다. 더 이상 저항하지 않고 자아에게 사랑을 준다. 이 깨달음에 감동의 눈물을 흘렸다. 우리는 누구든 지어낸 이야기에 속지 않고 자신 안의 자아를 보게 되면 인생을 고통 받지 않고 살 수 있다. 자기 자신에게 진실이 아닌 것에 집착하고 살면 평생 걱정을 하고 살 것이다. 비로소 고통에서 벗어날 수 있었다. 모든 것은 자신이 만든 것이다. 우리는 그 사실을 알아야 한다. 우리 앞에 일어난 일이 우리의 생각이다. 그 생각의 믿음에서 시작된다.

감사를 많이 하고 살수록 감사할 일이 내 앞에 펼쳐진다. 타인의 행위에 감사함은 그를 이해한다는 뜻이기도 하다. 내 안의 좋은 생각이 감사라는 말로 표현될 때 서로 소통되고 하나가 됨을 느낀다. 감사는 자신에게도 하고 타인에게도 하는 축복의 말이다. 감사로 문제가 풀리기 시작하기도 한다.

나는 여행과 그림을 좋아한다. 해외에 있던 8년간은 유럽의 고풍스러운 건축물이 내게 감동을 주었고, 그 나라를 가면 작은 갤러리부터 대형 갤러리를 둘러보는 게 힐링이었다. 그 안에 있으면 화가와 혼연일체가 되는 기분이었다. 온몸에 평온함이 돌고 감동의 물결이 내 안에 흐르고 있었다. 스페인의 거장 화가 피카소 미술관에 가서 그 주변까지 돌며 행복했다. 그림을 찬찬히 둘러보며 그 당시의 피카소와 같이 숨 쉬고 있다고 생각했다. 소매치기를 당해 없는 돈 털어서 간 피카소 미술관은 온몸에 전율을 느끼듯 행복했다. 돈은 떨어졌지만 골목길에서 고소한 빵 냄새가 코를 찔러도 내 몸속에 행복 호르몬이 흘러넘치고 있었다. 나는 그때 돈으로 물건을 사는 것보다 경험을 사는 만족감을 느꼈다. 이 호르몬을 돈을 주고 살 수 있는 게 아니라면 내가 좋아하는 것을 할 때 분비되는 감동의 호르몬은 신이 주신 선물이다.

내가 좋아하는 여행도 내게 감동을 주고 행복을 주는 삶이다. 미국 그랜드캐니언에 갔을 때의 감동은 지금도 잊을 수 없다. 그곳을 돌며 자연의 위대함이 주는 감동은 마음에 힐링을 주었다. 여행을 다녀오면 그곳에서 소소하게 일어나는 일들은 추억으로 남지만 내가 살아가는 이유이기도 하다. 내가 모르는 나를 찾는 시간이기도 하고 나를 알게 되면 타인을 좀 더 수용할 수 있는 여유를 준다. 여행 중에 타인의 행동을 보고 나를 발견할 때도 많다. 길을 잘못 가서 돌아오면 어떤가? 다시 돌아가면 된다. 그냥 웃자. 웃으면 우리는 행복하고 서로를 이해하는 시간으로 돌아간다.

이탈리아를 혼자 여행한 적이 있다. 그곳은 내가 일한 폴란드와 가까워서 꼭 가고 싶은 나라였다. 작은 캐리어를 끌고 호텔에 도착하여 창밖을 보며 "내가 오고 싶은 이탈리아에 오다니, 감동이야."라고 말했다. 숙소에 짐을 풀고 거리로 나가고 싶었다. 거리는 낭만이 있고, 예쁜 카페와 멋진 건축물 사이를 걷는 나는 영화의 주인공 같았다. 그곳 성당을 돌다 미술품들을 보며 내 가슴은 감동으로 가득 찼다. 그곳에서 만난 아르헨티나 친구와 하루 동안 같이 다니며 차를 마시고 이야기를 나누었다. 여행하다 보면 다양한 사람들과의 만남도 하나의 경험이고 그들의 문화를 알게 되는 좋은 계기다. 혼자 가는 여행은 그곳에서 친구를 만나게 한다. 이탈리아는 안 가 본 곳을 가 보기 위해 다시 방문하고 싶은 나라 중 하나에 속한다. 많은 건축물과 미술품들, 거리의 풍경들 내가 사랑하는 곳이다. 세계 많은 곳을 다니며 인종과 나라는 다르지만 우리는 하나라는 마음이 든다. 내가 도움을 받고 때로는 도와주며 친절한 그들의 모습에서 감사와 안정감을 느꼈다. 인간은 혼자 살 수 없다. 인간과의 관계 속에서, 서로 교류 속에서 느낀 감사함 또한 내게는 감동이었다.

영국에서 폴란드로 넘어가려고 공항에 갔을 때 짐을 부치려고 절차를 진행하고 있는데 담당이 짐이 오버되었으니 돈을 더 내야 한다고 했다. 나는 의견을 물어보았다. 어떻게 하면 내가 합리적으로 갈 수 있는지 물었더니 세 명의 담당자가 몇 마디 주고받더니 그냥 가라고 했다. 기내에서는 아래에서 처리했다고 말하라는 것이다. 나는 그들에게 머리 숙여 감사를 표했다. 여행을 하다 보면 이런 일이 많았다. 서로 에너지가 통하고 있음을 행동으로 보여줄 때가 많았다. 그들은 나를 도와줄 아무 이유가 없었다. 인생의 감동적인 삶은 돈으로 다 해결해 줄 수 없다. 마음은 욕망을 따라 그곳에서 일어나는 감동에 힐링되고 안식처를 얻게 된다. 내 인생에 감동을 주는 것들에 집중하고 살기로 했다. 그것이 배움이고 그것이 남에게 주는 작은 기쁨이라면, 나는 그것에 관심을 가지기로 했다. 감사하는 마음도 감동을 준다.

타인에게 감사하며 산다면 감동 호르몬이 분비되어 우리의 건강에 필요한 면역력에 힘이 되고 건강하게 살 수 있다. 약을 먹고 건강식품을 먹는 것보다 말 한마디의 감사와 사랑이 감동을 준다. 우리가 많이 웃을 때 감동 호르몬이 나온다. 미국의 심리학자 윌리엄 제임스는 "우리는 행복하기 때문에 웃는 게 아니라 웃기 때문에 행복하다."라고 말했다. 웃다 보면 웃을 일이 생긴다. 이것은 가장 강력한 감동 호르몬이다. 감사와 사랑으로 흐르는 감동 호르몬은 우리의 문제를 해결해 준다.

02

내가 행복한 일에 집중하라

나는 특별하게 잘할 수 있는 게 없다고 생각했다. '내가 할 수 있는 게
무엇일까?'에서 '나는 무엇을 할 때 행복할까?'로 바꾸어 질문을 해 보았
다. 해외에서 일하면서 그림에 집중할 때 큰 에너지를 느꼈다. 폴란드에
서 도예 학원을 다녔다. 하루는 학원에서 나를 지도했던 젊은 선생님이
몰두하고 있는 나를 보며 "로즈, 지금 행복하니?"라고 폴란드말로 번역
기를 돌려 물어보았다. 나의 내면 소리가 차분하게 말하는 나를 바라보
고 있음을 알게 되었다. 나의 5년간의 폴란드 생활은 예술에 대한 갈망에
단비를 내려주었다. 내게 주어진 행복을 따라간 것이었다. 주어진 대로
살았다면 해 볼 기회마저 없었을 것이다.

저녁이면 그림 도구를 갖춰서 그림을 그리기 시작했다. 폴란드의 아름
다운 풍경을 그리고 그들의 삶을 표현하기도 했다. 하루는 일본 가든에
갔는데 분수대 앞에 펼쳐진 풍경이 너무 아름다워 벤치에 앉게 되었다.

바로 옆 벤치에 나들이를 나온 듯 보이는 폴란드 할머니 네 분이 오후의 싱그러움을 자연과 함께 이야기를 나누고 계셨다. 대화에 빠지고 싶을 정도로 입가에는 미소를 머금고 서로 바라보시는 눈은 존중하는 눈빛이었다. 그 모습이 햇살과 함께 눈이 부셔 집에 가서 스케치북에 옮겨 그려도 보았다.

내가 무엇을 하고 있을 때 가장 행복했나? 따라가 보니 그것은 그림을 그릴 때와 여행할 때였다. 늦은 나이는 없다. 내 안의 나를 잘 관찰한다면 누구와의 비교는 필요 없다. 삶은 가진 능력에 따라 다 다르고 다름만 인정한다면 하고 싶은 것을 할 수 있다. 열린 마음을 가지고 살다 보면 자기가 할 수 있는 일을 가지게 된다. 꿈 또한 이루게 된다. 나는 그림에 대한 꿈이 아직도 있다. 안 된다는 과거와 나는 이별했다. 내 인생의 선택권은 나에게 있고 모든 것은 선택의 결과물이다. 타인의 비판에 두려워 시작도 못 한다면 결국 아무것도 할 수 없다. 나를 믿지 못할 때도 있었다. 그러나 시작하고 보니 어느 날 내가 할 수 있는 것임을 알게 된다. 살면서 하고 싶은 일이 있다면 가면부터 벗어야 한다. 두려움에 빠진 생각은 자신을 움직이지 못하게 한다. 내가 이 단단한 껍데기를 깨고 나오기까지 오랜 시간이 흘러 저 멀리 이국땅에서 시작했다.

전에는 내가 무엇을 해야 하고 내게 맞는 게 무엇인지 찾는 것 자체를 안 하고 산 것이다. 마음이 안정되고 나를 찾는 여정을 따라가 보니 내 안에 하고 싶은 열정이 있다는 걸 발견했다. 그 발견 시기가 사람마다 다르고 일찍 알면 더 많은 기회가 있을 수 있으나 늦게 가도 아무 이상 없다. 자신의 선택권을 절대 남의 손에 넘어가게 해서는 안 된다. 하고 싶지 않은 일을 하며 자신을 억압하고 산다면 당장 멈추어야 한다. 내가 하고 싶고 행복감을 느끼는 일을 하다 보면 실력은 시간이 지나면 좋은 결과물이 된다.

자신을 믿고 내면의 목소리를 따라가 보자. 때로는 다른 길을 가고 있어 기회를 놓친 것 같지만 마음을 먹으면 할 수 있는 여건에 놓인다. 나는 늦은 나이에 해외로 갔고 그곳에서 내가 하고 싶은 것을 배우고 즐거운 삶을 살았다. 작은 것부터 생각하고 찾으러 간다면 뜻하지 않은 곳에서 발견하기도 한다. 자신을 내려놓고 우선순위를 점검해 보자. 현자는 아무리 어려운 꿈일지라도 이미 이루어진 것처럼 살라고 말한다. "나는 유명한 화가다." "나는 테라피 플로리스트다." "나는 베스트셀러 작가다."라고 선포하고 나간다. 아무도 내가 나가는 길을 방해할 수 없다. 무엇을 선택할지는 오직 나에게 달려 있다.

내가 무엇을 베풀 수 있을까?를 생각하며 무슨 일을 할까 생각해 보자. 사람들에게 행복과 기쁨을 주는 일을 생각해 보자. 플라워 스쿨에 다닐 때는 사람들이 내면의 자아가 치유되길 바라며 다녔고, 그림을 그리면서는 누군가 내 그림을 보고 감동의 호르몬이 분비되었으면 하고 그렸다. 음식을 다양하게 플레이팅하며 그 음식을 먹는 사람들이 행복하길 바라며 일했다. 이런 긍정의 에너지는 받는 사람에게까지 전달된다. 일을 하면서 힘들기보다는 행복했다. 다양한 눈요기를 줄 게 없나 많은 자료를 수집하고 즐겁게 작업을 했다. 남들과 경쟁하기보다는 나만의 하고 싶은 일에 열정을 부어서 스트레스 없이 했다. 경쟁 하나만 바라보고 일을 한다면 모든 스트레스는 자신이 받는다. 결국 차곡차곡 쌓아 둔 불편과 불만은 자신의 염증을 만들어 끝내 터지고 만다. 마음이 편할 날이 없다.

진정으로 원하는 삶에는 위험이 따른다. 성공한 사람들은 갑자기 성공했다고 생각하지만, 아니다. 그들은 작게 쪼개서 만들어 간 것이다. 생각하고 실천하는 행동들이 모여 성공했다. 나는 그림을 그리기 위해 카페에서 작은 종이에 펜으로 그리기부터 시작했다. 그림은 학교 공부가 전부이다. 아크릴 물감을 능숙하게 다룰 줄도 몰랐다. 많은 경험을 하다 보면 자신을 발견하게 된다. 무슨 일을 할 때 가장 안정감 있게 할 수 있을 때 행복할 수 있다. 힘든 과정에서도 나에 대한 믿음만이 나를 이끌어 주었다.

영국에서 일하면서 체력이 바닥이 났을 때도 깡으로 버텼다. 가끔은 영국의 빈티지 가게에 쓱 들어가 골동품을 보며 마음의 위안을 받았다. 영국의 일반 동네는 빈티지 가게가 80% 정도 될 만큼 많았다. 그들의 오래된 물건에 대한 마음을 알 수 있었다.

무엇을 할지 막막하다면 "나는 누구인가?"로 돌아가 보자. 우리는 남을 보면 디테일하게 보고 분석하며 말한다. 타인의 성격까지 모든 걸 지정해 준다. 이런 것이 영향을 미치지 않을 것 같으나 대단히 많은 영향을 미치고 있다. 타인이 지정한 성격은 더 그 사람을 한정을 짓게 한다. 타인을 비판하는 것은 당장 멈추고 자신을 분석하고 자신을 알아야 무엇을 할지에 집중할 수 있다. 타인이 하는 일에 집중하기보다 오직 자신의 일에 집중하며 살다 보면 갈 길이 정해지기도 한다. 다른 길로도 갈 수 있는 여유가 생긴다. 여기저기 분산된 일들은 불안에서 오기도 한다.

해외에 나가고 싶은 열정에 하루 종일 영어 회화에 미쳐 살았다. 언젠가는 기회가 오길 기다리며 필요한 것을 준비해 보자. 자신이 어떤 일을 할 때 행복한지 내면의 귀를 기울여 보아라. 늦은 때란 없다.

우리는 한 가지 일에 집중하다 불확실성에 기웃거리기도 한다. 실패에 대한 두려움이 발목을 잡는다. 어느 한 곳에 집중하기 힘든 것이다. 내가 그랬다. 불안이 올라오면 당장 다른 무엇을 해야 한다고 생각한다. 급하게 자신의 의도와는 관련 없이 결정을 내리는 실수를 한다. 시간과 돈을 쓴 뒤 후회한다. 내가 하고 싶은 일에 믿음을 갖고 확신했으면 일단 집중하여 나간다. 우리는 좋아하는 일을 했을 때 행복과 부가 따른다.

03

習관은 부자를 만든다

우리는 해마다 연말에 한 해의 계획을 세운다. 새해 첫날을 보내며 이미 이루어진 느낌이고 그곳에 가 있다. 결과를 보고 가는 목표는 자신을 행동하게 하고 작은 것부터 시작하게 한다. 작은 행동의 반복은 그해 이룰 수확을 얻게 한다.

우리는 목표를 가지게 되면 빨리 목적물을 가지고 싶어 한다. 과정 없이 결과에 치우친 삶이다. 아마 빠른 결과물을 원하면 로또를 사 두고 한주만 기다리면 된다. 로또가 맞을 확률은 벼락 맞아 죽을 확률보다 낮다고 한다. 날씬한 몸매를 만든다고 목표를 세우고 식단과 과정 없이 결과를 확 바꾸려 한다. 그 전에 자신의 정체성을 바꾸는 게 우선이다. 나라는 자아를 알아야 한다. 새로운 다짐을 실행하는 데 습관을 들일 수 있다.

성공할 수 있는 습관에는 자신의 정체성이 있어야 한다. 나는 어떤 사람인지를 먼저 장착해야 한다. 목표를 정하고 바로 이루어지지 않는다고 낙담하기도 한다. 그러다 포기를 해버리기도 한다. 안 된다고 단정을 지어 버린다. 우리가 습관을 들이는 과정에서 자신에게 보상을 주며 변화를 기다려야 한다. 예를 들어 운동을 열심히 하는 내게 한 잔의 주스를 주고 책을 열심히 읽은 자신에게 영화 한 편 보는 보상을 주자. 처음부터 완벽하게 습관을 들인다고 생각하지 말고 진화된 습관을 보자. 결과가 안 보인다고 자신을 비난해서는 안 된다.

모든 성공은 습관이라는 말이 있다. 습관이라는 과정을 거쳐 결과물에 도달한다. 습관을 실행하기 위해서는 우리가 버려야 할 것들이 있다. 우선 덜 중요한 것들을 버려야 한다. 하루 중 일부를 우리는 쓸데없는 망상으로 채워 나가기도 한다. 이것부터 버려야 한다. 내가 한 것에 대한 긍정 확언을 하며 집 안에 있는 물건부터 단순화해야 한다. 나는 쓸모없는 것은 버리라고 하고 싶다. 분산된 마음과 시간을 절약할 수 있다. 자신의 방부터 치우고 화장실을 깨끗이 해 보아라. 그리고 사람과의 관계 정리를 하라. 내가 하는 일에 시간을 할애한다고 생각하면 과감히 줄이기를 바란다. 타인의 부탁도 자신이 할 수 없음을 표현해 주어라. 내가 모든 것을 거절하고 취할 수 있는 권한이 있다. 시간을 확보한 당신은 좋은 습관을 들일 시간이 생기게 된다. 책을 읽을 시간, 운동을 할 시간 등 개인이 할 수 있는 시간이다.

지금 "원하는 게 무엇인가요?"라고 질문하면 해야 하는 과정이 술술 나와야 한다. 자신의 과정 이야기를 만들 줄 알아야 한다. 좋은 습관으로 채워 나가야 하고 혼자만의 시간을 당장 가져라. 우리의 성장에는 두 가지가 있다. 물질적 성장과 변화 성장이 있다. 원하는 것을 얻기 위해 변화의 성장이 우선이고 좋은 습관부터 들이는 과정이 필요하다. 인생을 바꿔 줄 책을 매일 반복하여 읽고 내면을 패러다임 시키라고 한다. 핵심은 내면화와 반복이라고 했다.

우리 자신을 공부할수록 인생에 끌려가기보다 자신이 인생을 끌고 간다. 책을 읽고 강의를 들으며 긍정의 말들을 반복해 내면화해야 목표를 이룰 수 있다. 주변에서 미쳤다는 소리를 들은 자신을 사랑하고 성공한 사람이 5% 안에 든 사람들이다. 그들이 매일 한 마인드셋과 습관이다. 자신을 사랑하며 자존감으로 장착하면 결국 성공해서 가진 것을 베풀며 인류에 영향력 있는 사람이 된다.

과정에는 시련도 따르고 실패도 따를 수 있다. 책을 많이 읽는 것으로 끝나면 교양을 쌓을 수 있으나 자기 내면을 들여다볼 기회가 없으면 그것으로 끝난다. 내면화해야 다음 단계로 나아간다. 나는 가끔 나를 사랑하고 행동하며 변화해서 주변에서 미쳤다는 소리도 듣고 싶다. 이것은 내가 이미 성장하여 자존감을 장착했기 때문이고 누군가의 예가 되었기 때문이다.

5년 뒤 자신을 상상해 보았는가? 나는 5년 전 나의 꿈과 미래를 안고 폴란드로 떠날 때를 상상하고 떠났다. 지금의 나는 상상하고 시각화했던 모습으로 살고 있다. 그 과정에는 나의 고통과 시련도 있었지만 만족한 삶이다.

가치 없는 일에 에너지를 쓰고 싶지 않았다. 모든 답은 내 안에 있었다. 모든 결정은 내가 하고 남이 나를 조정하도록 두지 않을 것이다. 다른 사람의 말은 다 믿을 필요없다. 외부의 의견은 중요하지 않고 내가 나를 어떻게 생각하는지가 중요하다. 자라 온 과정에 어려서 남 눈치를 본 걸 지금까지도 생각할 필요는 없다. 남들 눈은 하등 의미 없음을 알게 된다. 내 안의 가치 있는 생각을 하고 습관을 들여 나가면 만족하는 인생이 다가온다. 목표를 쓰기만 하고 목표의 크기만 잰다면 그냥 인생은 과거에 묶여 살게 된다.

원하는 목표를 상상하는 사람들에 의해 세상은 변한다. 나폴레옹 힐 작가는 "당신에게 욕망이 있다면 능력이 있다는 것이다."라고 말했다. 이 세상에서 바꿀 수 있는 것은 나밖에 없다. 삶의 목적을 세우고 자신을 못 믿겠으면 자신에 관해 공부해야 한다. 목적을 달성했을 때보다 과정이 더 좋았다고 하는 사람도 있다. 가끔 정상에 가 본 사람의 인터뷰를 보면 허무감마저 들 정도로 허탈해 했다. 이래서 목적을 이루는 과정이 소중하다.

인생의 많은 시간을 노력하며 가다 보이지 않는 고지가 힘들다고 불평으로 간다면 포기를 하게 된다. 포기가 쉽다고 생각하는 것이다. 이미 이루어졌다고 상상하면 우리는 희망이 생긴다. 독일 철학자 괴테는 무엇을 알 수 있기 전에 무엇이 되어야 한다고 말했다. 자신을 있는 그대로 받아들여 인생 시나리오를 만들어 보자. 있는 그대로 바보여도 괜찮다. 타인의 의견은 가장 저렴한 상품이다. 타인이 방해하는 삶을 안고 간다면 당신은 앞으로 갈 수 없다. 내가 처음에 무엇을 한다고 하면 잘해 보라고 한 사람은 없었다. 나를 위한 걱정을 했다. 과정에 있어 내가 이들의 말을 다 들었다면 앞으로 못 나갔다.

모든 것을 다 잘할 수는 없다. 내가 할 수 있는 것에 집중만 해도 된다. 바쁘다며 모든 일을 처리하려 하는 당신, 당장 멈추어야 한다. 그러다가 과로사로 쓰러진다. 할 일이 많아지면 근심과 걱정도 그만큼 안고 간다. 내가 집중하는 과정에서 모든 일은 습관이 되어 자동으로 돌아가야 한다. 하고 싶은 일을 정하고 가다 쉽게 포기하지 않기 위해서는 맞는 습관을 들여야 한다. 하루에 꼭 할 일을 종이에 적고 매일 습관을 들여 20일 간부터 시작해 본다. 이것은 매일 하면 효과적이다. 단 하루라도 해 보면 무슨 느낌인지 알 수 있다.

내가 되고자 하는 나를 정하고 미래의 자신을 위해 한 달만 해 보라. 불과 5개월 전 한국 땅에 도착하여 나는 매일 블로그에 글 올리기를 20일만 해 보자 했는데 지금까지 꾸준히 하고 있다. 내가 책임지고 통제한 결과가 나타난 것이다.

목적을 향해 나아가는 과정에 과거의 낡은 습관을 먼저 버렸다. 이것을 버리지 않고서는 변화할 수 없었다. 모든 과정은 하루하루 습관이 모인 것이다. 나를 바꿀 좋은 습관은 내가 원하는 삶에 이르게 해 준다. 모든 것은 타인이 정해 주기 전에 자신에게 인생 결정권이 있다. 인생의 습관은 목표를 향해 고속도를 달린다. 성공은 습관이 전부다.

04

부는 다른 사람을 돕는 데서 시작이다

　나는 타인과 분리된 나로 보고 살았기 때문에 우리보다 나라는 개념으로 살았다. 영적 책에서는 우리는 모두 연결되고 신과도 연결되어 있다고 한다. 우리 모두의 일부분으로 보라고 한다. 기적 수업에 아름다운 문장이 있다. "나는 지금과 다르게 평화를 선택할 수 있다. 당신을 천국의 낙원에서 쫓아내는 것은 누구도 아닌 자기 자신이다. 모든 사물과 사건, 만남의 상황이 자신에게 도움 된다라는 것은 많은 배움이 필요하다." 우리는 모두가 연결됨을 현자들은 말했다. 내 안의 변화는 우리라는 개념을 많이 쓴다. 그리고 나의 이기적인 마음이 긍정적이고 남을 더 생각하는 마음으로 바뀌었다.

　지구는 엄청난 속도로 움직인다. 우리의 몸도 진동한다. 우리가 분리되었다고 생각하면 두려움과 공포를 안고 간다. 타인과의 비교와 경쟁에서 하루에도 6만 번을 생각한다고 한다. 내가 원하지 않는 생각들이 나타난다. 사람과의 관계도 원치 않는 것들로 생각하면 그것이 끌려온다. 내가 타인에게 감사할 게 많으면 감사함이 끌려온다. 나는 타인들과의 만남을 이제는 편안한 마음으로 대할 수 있다. 그들의 모습은 내 안의 모든 것이 투사된 것이기 때문이다. 내 안의 사랑과 감사로 대하면 그들과의 관계는 그 속에 머물게 된다. 나는 이 변화로 타인에 대한 두려움이 사라지고 아주 편안한 관계로 스트레스를 덜 받고 있다. 나는 타인을 나의 의견으로 바꾸려 하지도 않는다.

아무리 힘든 순간에도 평화를 선택하면 내면 깊숙한 곳에 사랑의 씨가 뿌려져 싹을 피운다. 우리가 타인에게 친절을 베풀고 도와준다면 그것은 우리에게 행복이다. 우리가 영성에 머물면 나 자신뿐 아니라 타인과도 연결된다. 한번은 테레사 수녀에게 한 분이 "당신을 돕고 싶다."고 했는데 그녀는 밖으로 나가 부랑자들에게 "당신은 혼자가 아니에요?"라고 말하라고 했다. 비참함에 빠진 사람들에게 마음의 안식처가 필요하다. 깨달은 많은 현자는 하나같이 우리는 하나로 연결되었다고 말한다. 시끄럽고 공격적인 사람을 피해야 한다. 당신의 영을 어지럽힌다.

다른 사람의 기준을 맞추어야 사랑받는다는 말은 다른 사람과 분리되었다고 느끼는 것이다. 분리된 타인은 우리에게 두려움을 주고 주변 눈치를 봐야 하는 상대이다. 누구나 내면에는 자신이 더 잘나야 하고 그들에게 뺏길까 봐 두려운 마음도 가지고 있다. 그래서 우리는 협력하기 힘들고 인정받고자 하는 욕구가 앞선다. 내 안에 그녀도 사랑받고 인정을 해 주길 바라고 있었다. 앞날에 대한 불확실성으로 우리는 불안에 떨고 있다. 이 모든 감정은 내면에서 자신이 만든 거라는 걸 알아야 한다. 타인을 바라보는 시선을 다르게 보고 테레사 수녀의 말처럼 우리는 하나라고 생각할 때 타인에 대한 사랑이 나온다.

세계에 영향력을 끼치는 사람들을 보면 모두가 얼굴에 행복함이 있다. 이타적인 마음이 더 우리에게 축복을 준다. 프랑스 전철에서 구걸하는 모녀에게 마음이 아파 돈을 준 것이 끈이 되어 스페인에서 소매치기를 당하고 도움을 받은 것은 다 연결된 우리이기 때문이다.

내가 아끼는 가방, 모자, 스카프는 소매치기해 간 누군가가 필요해 가져갔다고 생각하니 마음이 편하고 마음을 내려놓게 되었다. 아니타 무니자르는『그리고 모든것이 변했다』에서 다시 돌아가 두려움 없이 살라는 영적 말씀을 들었다고 했다. 우리는 모두 우주 그물망 속에 있다고 한다. 내가 나를 사랑하면 다른 이들도 나를 사랑한다. 문제가 생기면 내면을 들여다보며 시간을 보내면서 평온하게 있는다. 나는 우리가 하나고 내가 혼자가 아니라는 걸 알고 외롭지 않다. 분리라는 환상에 잡혀서 하나임을 볼 수가 없다. 나는 내가 분리되었다고 느낄 때는 매우 불안했다.

사람과의 관계도 매우 힘들었다. 그 사람이 어떻게 생각하는지가 신경이 쓰였고 힘들었다.

사람과의 관계에서도 애써서 뭔가를 하려 하는 것은 불편한 상황을 초래하고 상대도 힘들어한다. 나 자신이 되어 존재하며 장엄함을 깨닫고 자신을 돌보면 된다. 우리가 평온하고 조용할 때 외부의 상황도 아무 일 없이 흘러간다. 우리는 이타적일 때 더 행복하고 더 자유로워진다. 우리에게는 의식이 전부다. 지구의 모든 사람들이 연결되어 있다. 우리가 이타적인 마음으로 타인을 돕는다면 상대는 우리와 함께하고 싶어 한다. 자신이 우선 편안한 마음에서 상대를 귀하게 대한다면 우주의 에너지는 긍정을 불러온다. 긍정은 더 많은 풍요를 불러온다. 매일 우리가 대하는 사람을 귀인으로 대한다면 곧 당신에게 좋은 소식이 있을 것이다. 딱 30일만 행동해 보아라. 나는 지금 실천하고 있다.

05

지금 이 순간 행복해지는 법

정말로 행복하고 싶은가? 무엇이 우리를 행복하게 하는가? 삶은 우리가 생각하는 대로 흘러가지 않는다. 오랜 해외 생활로 한국의 가을 단풍이 그리웠었다. "내일 구미 가을 음악회에 같이 갈래요?"라는 지인의 전화에 기다렸다는 듯이 가겠다고 했다. 음악회에 수북하게 쌓여있는 경품들은 주인을 기다리고 있었다. 최고의 경품은 어느 중년 여인에게 돌아갔다. 나는 진정으로 축복을 보냈다. 그 나이의 우리 어머니는 가족을 위해 헌신했을 것이고 자기의 욕망을 잠재우며 자식들에게 넘겨주며 살았을 것이다.

나는 가을 음악회에서 작은 세상을 보았다. 목적이라는 유람선 여행권을 위해 모두가 달려갔다. 남이 가져간 경품을 보고 아쉬워하며 이미 가진 물건도 다른 사람과 비교하느라 행복하지 못한 것이다. 그 순간 물건에 대한 집착에 가을 음악회의 기쁨도 못 느꼈을 것이다. 그날의 최고 경품은 가을 축제를 맘껏 즐기며 행복한 모습이라고 생각한다. 내가 가진 자연과의 힐링과 타인에 대한 사랑은 누구도 내게서 빼앗아 갈 수 없다. 그래서 행복의 순간은 내일도 아닌 바로 지금 순간이다.

우리는 미래에 두고 가는 삶에 지금 행복하지 않다. 행복을 위해 모두가 열심히 산다. 나도 그랬다. 재산을 축적하고 물건을 샀을 때 행복하다고 한다. 행복이 저 멀리 있다고 생각하고 목적으로 바라보고 간다. 현재의 고통도 참아 가며 나중의 행복을 위해 간다고 한다. 우리는 행복할 때조차도 근심으로 마음껏 누리지 못한다. 그 시간은 삽시간에 지나가 버렸다. 인간에게는 작은 행복이 여러 번 있어야 한다고 한다. 평소에 소소하게 행복을 느끼는 사람이 창의적이고 행복하다는 연구 결과도 있다. 나는 해외 생활을 하며 나에게 하루하루가 행복인 것을 알았다.

목적을 위해 달려왔고 행복이 목전에 있음에도 하루의 소중함을 몰랐다. 소중한 하루가 지나간다고 생각하니 지금 행복하기를 선언했다. 지금 이 순간도 바로 과거가 될 것이고 나의 먼 미래는 내가 어떻게 될지도 모른다. 행복을 목적으로 보고 미래에 두기보다는 지금 우리가 느끼고 경험하는 것이 행복이다. 행복은 내 안에 항상 있다. 우리는 밖으로 찾아 나가는 여정을 떠난다. 철학자 쇼펜하우어는 자신 속에서 발견할수록 행복하다고 말했다. 우리의 주변에 행복을 준 사람들은 모두 떠난다. 자기 자신의 만족이 행복이다. 이 행복은 지금 다 가질 수 있다. 내 안의 행복을 선택하기만 하면 된다. 현재를 즐기는 것이 행복이다. 자신이 지닌 것에 만족하는 삶이 행복이다. 남에게 비친 그 모습은 오래 못 간다.

우리의 내부에서 오는 행복이 사물에서 오는 것보다 크다. 사물이 주는 행복은 잠시다. 우리가 산 샤넬 백도 얼마나 지나면 처음 샀을 때의 감정이 덜하다. 나는 지금 이 순간 행복하다. 왜냐하면 단순하게 살기로 한 인생관이 그것을 가능하게 해 준다. 대부분의 사람은 자신이 사는 동안 지나쳐 온 것을 후회한다. 지금 후회는 또 다른 과거가 되어 후회하게 된다.

걱정이 많고 두려운 사람들이 미래에 두고 사니 불행하다. 내가 그랬다. 미래와 불안감에 현재를 못 즐기고 살았고 끝도 없이 노력해야 한다고 생각했다. 누구를 위한 모습인가? 생각의 차이가 행복의 크고 작은 차이를 보인다. 아무리 좋은 경치와 좋은 차도 자신이 보는 관점에 따라 다르다. 사람은 창작할 때 행복감을 느낀다. 나는 그림을 한 번 그리면 네 시간을 움직이지 않고 그릴 때가 있다. 분명 몰입 상태고, 그때 행복을 맛보기도 했다. 자기 자신으로 사는 게 타인에게 보여 주는 삶보다 행복하다. 현재를 즐기는 것이 현명하다. 우리는 순간을 흘려보낸 뒤 인생의 종착역에서 미쳐 버릴지도 모른다. 지나친 과거와 미래에 두고 사는 삶으로 현재를 지나쳐 버리고 발을 동동 구르지 말아야 한다. 현명한 사람은 둘 사이를 적절히 둔다.

나는 자존감이 털릴 때 과거에 많이 두고 살았다. 욕구불만이 클 때도 그랬다. 불필요한 에너지를 소비하고 산 것이다. 항상 많은 것이 필요했고 외부에서 찾았다. 그러나 그곳에는 없었다. 그들도 내게 달라고 했다. 내게 없는 사랑을 달라고 했다. 우리는 자신 안에서 찾고 가진 것을 다시 볼 필요가 있다. 내 안의 행복을 볼 수 없다면 우리는 매일 만족할 수 없어 아등바등하며 살 것이다. 나는 내 안의 가진 것에 만족하기까지 긴 세월을 돌아 왔다. 질투를 넘어 있는 그대로 보기로 했다. 지금 여기 존재하는 그대로가 완벽한 것이다. 현재의 내 상태를 완벽하다고 바라보고 가야 한다. 이러지 않는다면 더 채우려는 자신 때문에 행복할 수 없다.

우리는 행복을 내일 산다고 한다. 행복하기 위해 조건이 있기 때문이다. 조건의 꼬리표는 지금이 불안하고 두려워서 행복할 수 없다고 한다. 나는 지금 이 순간에 행복하기 위해 조건을 만들지 않고 감정에 진심이다. 감정을 발산하는 데 내일 하기 바란다면 지금의 내일은 절대 오지 않는다. 지금 해야 한다. 타인에게 전하고 싶은 좋은 말이라면 지금 하자. 내일은 내 마음이 변할 수 있고, 그도 없을 수 있다. 마음이 평화로우면 몸 걱정에서 벗어나며 지금을 살 수 있다. 그리고 행복할 수 있다.

걱정하며 하루를 산다면 절대로 행복할 수 없다. 있는 그대로를 받아들이지 않으면 우리는 현실과 다투고 살아야 한다. 생각의 꼬리를 물고 하루를 걱정으로 살고 싶은가? 내 안의 자아를 보며 나는 많은 것을 깨달았다. 우리의 자아는 남과 비교하고 남을 부러워해서 지금 행복하지 않다고 한 것이다. "네가 가지고 있는 것을 봐 봐."라고 말했다. 나는 지금 그대로의 자아를 사랑한다. 사랑 속에 산다면 항상 행복하고 그 무엇이 사라져도 상관없다. 순간마다 과거를 바라보며 이별한다면 마음의 평화가 온다.

우리가 자신을 지금 이 순간 사랑한다면 밖에서 자신에게 던진 모든 말은 신의 소리로 들린다. 그래서 화가 날 필요가 없다. 우리는 당장 지금 행복할 수 있다. 나 자신을 다시 찾을 때 우리는 불안이 깨끗이 비워진 마음이다. 두려움 없이 자신이 원하는 일을 하게 된다. 나는 지금 남의 눈치를 보지 않고 내가 원하는 대로 한다. 경험을 통해 나의 모든 것을 창조하길 원한다. 지금이 아니면 언제 다시 오겠는가? 지금 그냥 한다. 하다 보면 그곳에 가 있고 행복도 그곳에 있다. 인지심리학 작가 김경일 교수는 연구에 의하면 행복은 너무 거창하고 달려가면서 인고하는 것은 행복이 아니라고 한다. 실제 매일매일 작은 행복이 더 큰 행복이다. 한꺼번에 느끼는 큰 행복의 크기는 작은 행복의 빈도에 비해 떨어진다. 작은 행복이 주는 주변의 관계가 중요하다는 연구 결과가 나왔다고 말한다.

나는 매일 소소한 행복이 지금 이 순간 일상이 되게 산다. 지금 행복하지 않으면 언제 행복하겠나? 행복할 시간이 없다. 지금 이 순간 행복을 선택하라. 당신은 지금 행복해도 된다. 행복은 내 안에 있기 때문이다.

남에게 과시하지 않고 살기로 했다

나는 경제적 자유를 꿈꾸며 재테크 관련 공부를 했다. 모든 것이 내게 희망을 주지는 못했다. 무리한 투자는 압박을 주어 토해내게 하기도 했다. 영원불변 상승이라던 토지는 구석에 말없이 처박혀 있다. 마음이 급할수록 재테크에서 멀어져 갔다. 욕심이 모든 것을 가져왔다고 생각했다.

많은 돈은 우리가 원하는 것을 살 수 있고 할 수 있게 해 준다. 끝없는 사람의 욕망이 일을 죽을 때까지 하게 하는 반복의 연속이다. 돈 문제를 평생 안고 가는 사람도 있다. 경제적 자유로 가는 길은 많다. 저축하라는 말은 살면서 귀가 따갑도록 들었다. 기본 생각부터 바꾸어야 한다. 돈으로 곤란을 겪을 때에야 돈의 중요성을 안다.

나는 아껴 쓰는 것도 중요하지만 현명한 소비가 더 중요하다고 본다.

우선 집 안에 속하는 불필요한 물것들을 버려 보자. 왜 나는 경제적 자유를 위해 버리기부터 했나? 이것들을 사기를 위해 돈을 썼을 것이고 할부로 구매했을 것이다. 할부로 구매한 것은 이자를 안고 집에 자릿세도 안 내고 점령하고 있다. 시간이 지나면 값이 떨어지는 물건들은 재정에 마이너스들이다. 현재 신발은 두 켤레 남짓이다. 모든 물건은 하나씩만 남기고 다 내놓았다. 내가 가진 걸 정리해 보아야 소비에 도움이 된다. 건강한 소비를 위해서는 우선 버리기부터 해야 한다. 물건에 대해 생각할 시간을 일주일 가져 보아라. 우리는 너무 많은 걸 가지고 살았다는 걸 알 수 있다. 비우고 채우는 것이 아니고 비워서 공간을 만들어야 한다. 정리를 하고 보면 공간이 주는 여유가 풍요의 시작이 된다. 남에게 과시하는 삶은 피곤한 인생이다.

경제적으로 자유로운 삶을 살기 위해서는 자신을 관찰하는 것부터 해야 한다. 어떤 사람으로 살고 싶은가를 먼저 세워야 한다. 어디에 자신을 두고 사는지를 알아야 돈의 소비를 체크할 수 있다. 나는 단순한 삶을 정의했기 때문에 물건을 정리하고 비우는 과정을 해 왔다. 소비는 꼭 필요한 것, 내가 가지고 싶은 것으로 축소하기로 했다. 나의 가치는 내가 선택할 자유가 있다. 사람마다 가치를 따르는데 다 다르다. 지키기 위해 가치를 명료하게 세우는 게 좋다. 내가 지키고 싶은 가치를 세우다 보면 그에 맞는 것들이 온다. 수입이 많다고 다 부자가 되는 것은 아니다.

버리고 정리를 하다 보면 물건을 다시 들이고 싶은 생각이 없어진다. 소비에서 버리기를 택하고 선택적으로 단순한 삶을 살기로 했기 때문에 물건에 집착이 없어졌다. 확실히 버리기를 실천하고 외부에서 사는 것이 줄어들었다. 버리기는 계속된다. 물건 하나를 사면 하나를 버릴 준비를 한다. 버리기를 실천하고 청소 시간이 줄고 돈을 쓰는 일도 줄었다. 모든 것이 가벼워지고 물건으로부터 독립이 되어 그 돈을 안 쓰는 것만으로도 돈이 모이는 걸 알았다. 습관적으로 샀던 물티슈를 사지 않았고 냉장고 안의 채소들도 매일 신선하게 먹을 수 있게 다 비운 다음 샀다. 많이 사서 아껴 쓰는 삶에서 필요한 것들만 사는 것이 현명한 소비의 시작이다.

생활 방식이 완전히 바뀌면서 물건을 사기하기 위해서 일을 하는 개념 보다 많은 경험과 건강을 위해 경제적 자유를 꿈꾼다. 돈은 좋은 것이고 우리의 삶에 꼭 필요하다. 우리가 돈을 대하는 자세를 배울 필요가 있다. 내가 원하는 삶과 가치를 위해 돈은 필요하다. 돈이 있으면 내가 좋아하는 일에 매달릴 수 있다. 우리 부모로부터 배운 돈을 아껴 쓰고 돈은 벌기 힘들다는 잠재의식 속의 부정성을 버려야 한다. 돈에 대한 불안함은 우리가 돈을 벌 수 없게 만드는 악순환을 만든다. 돈을 잘 쓰는 것을 어디에서도 배운 일이 없다.

보도 섀퍼의 『보도 섀퍼의 돈』에서는 종일 일하는 사람은 돈 벌 시간이 없다고 했다. 자신이 좋아하는 일을 해야 한다는 것이다. 그러기 위해서는 자신을 알아야 한다. 자신을 냉정하게 쳐다보고 알아야 돈이 저절로 벌린다. 자신을 위해 시간이 필요하다. 자신이 가진 자원을 최적화하기 위해 시간을 가지고 지속적인 노력을 해야 한다.

자신을 관찰하며 무슨 일을 하고 싶은지 계속 자신에게 물어보아야 한다. 자기 능력을 발견하여 자신이 하고 싶은 일을 설계하며 목표를 향해 나아가야 한다. 당신의 목표는 무엇인가? 결단을 위해 무엇을 가지고 싶은가? 꼭 물어봐야 한다. 어떠한 결정에서도 이것은 "내가 원하는 것인가?" 계속 물어서 답을 찾아내야 한다. 나는 책을 읽는 것을 좋아하고 자유롭게 일하는 것과 여행하며 시간에 구애 안 받는 삶을 원한다. 내 가치를 지키기 위해 행동을 하다 보면 그 길로 나를 안내해 주기도 한다.

부자가 되기 위해서는 전략을 잘 짜야 한다. 책을 사고 세미나도 하러 가고, 배움에는 돈을 아끼지 않는다. 이것은 나를 위한 투자로 본다. 자신을 알아야 돈에 관한 생각도 다르게 보고 경제적 자유를 가질 수 있다.

밥 프록터는 『부의 원리』에서 부의 마음가짐이 중요하고 돈이 진짜 목표가 아니라 개인과 재정적 성장이라고 말했다. 우리가 돈을 좇는다면 우리의 영원을 잡아먹는다. 나는 예전에 돈을 좇았다. 그래서 힘들었다는 것을 알게 되었다. 돈도 금방 증발해 버린다. 소액의 돈도 잘 사용하면 돈의 소중함을 더 알게 된다. 버리고 꼭 필요한 것만 들여놓는 삶이 돈을 어떻게 사용해야 함을 알려준다. 돈의 소중함과 가진 것에 대한 감사가 물건으로 넘쳐나는 삶보다 더 행복하다. 학교에서 돈을 버는 방법을 배우지 못했다. 오직 직장 생활을 해서 잘살라고 배웠다. 그것은 미래를 보장하지 않는다. 일자리를 잃는다면 어떻게 되나? 불안한 마음으로 살게 된다. 돈에 대한 우리의 생각을 긍정으로 바꾸어야 한다.

부유해지려면 자신에 대해 좋게 느껴야 한다. 우리는 부유해질 자격이 있다고 생각해야 한다. 루이스 L. 헤이의『치유』에서는 "새로운 것을 받아들일 공간을 만들어야 한다. 물건을 정리하고 1년 넘은 물건들은 집 밖으로 치워 버려라. 어수선한 창고는 어수선한 마음속을 의미한다. 우주는 풍요롭다. 우리는 필요한 모든 것을 공급 받을 수 있다."라고 했다. 사랑과 기쁨으로 돈을 낸다면 돈은 다시 들어올 것이다. 다른 사람의 돈 쓰는 방식도 비판하지 말아야 한다. 타인에 대해 우리가 상관할 일이 아니다. 부유해지기 위해 "나는 변하고 싶어, 부정적인 낡은 생각을 버리고 싶다."라고 말해야 한다.

돈에 대한 긍정과 풍요롭게 생각해야 우리에게 돌아온다. 경제적 자유를 꿈꾸는 사람에게는 돈에 대한 자신의 긍정이 매우 중요하다. 돈은 내가 필요로 할 때 생긴다. 가난한 사람은 장례식에서 돈을 만진다.

진정한 경제적 자유는 원하는 시간과 내가 원하는 것을 하고 있을 때 돈을 즐길 수 있다. 돈에 관한 생각을 바꾸어야 한다. 돈은 교환 수단이다.

사람들은 부자가 되고 싶어 한다. 우리 부의 의식을 변화시키고 주변에서 주는 호의를 받아들이고 감사를 표해야 한다. 이미 가진 것에도 감사하며 자신이 창조적인 것에 감사하라. 감사할 일은 수도 없이 많다. 이 감사하는 마음은 더 많은 부를 이끈다.

낡은 생각과 물건들을 비우며 부가 올 장소를 만들고 부를 즐겨야 한다. 부에 관한 생각이 바뀐 것은 대단한 발전이다. 경제적 자유를 위해 돈만 좇는 사람에서 풍요를 즐기는 사람으로 누구나 바라는 인생이 펼쳐진다. 우리에게 부는 마르지 않는 풍요이다. 마음을 열고 우주의 부와 풍요를 받아들인다. 우리는 부자가 될 자격이 있다. 남에게 과시하지 않고 살아도 부는 언제나 풍족하다.

늙지 않는 1%의 사람이 될 수 있다

서랍에서 겨울옷을 꺼내려다 카키색 스웨터가 손에 쥐어진다. 폴란드에서 일하며 함께한 우크라이나 여성인 이리나가 만들어 준 옷이다. 폴란드에서 우크라이나와 폴란드 사람들과 일을 했다. 두 나라의 언어를 할 줄 모르는 나는 의사소통이 매우 힘들었다. 영어를 할 줄 아는 여성이 통역을 해 주었다. 도시락 메뉴를 짜 주고 의사소통이 안 되는 부분은 시범도 보여 주며 우크라이나 언어를 배워 소통했다. 일하는 중 우크라이나에서 전쟁이 일어나 같이 울기도 했다. 차로 갈 수 있는 거리에서 전쟁이 일어나고 한쪽에서는 평화 속에 일을 하고 있다. 정말 믿기지 않을 정도였다. 그들의 아픔이 내 안의 에너지에도 영향을 미쳤다. 그들과 일하는 중에 나의 열정을 쏟아부었다. 그래서 행복했다.

우리는 이제 100세를 보고 가고 있다. 나이 먹어서도 할 수 있는 일이 있어야 젊고 건강하게 살 수 있다는 연구 결과가 나왔다. 폴란드에 머물면서 레스토랑, 커피숍, 옷 가게 외에는 거의 노인들이 일을 하고 있었다. 관공서의 매표에서는 나이 많은 노인들이 일을 보고 있었다. 그것은 건강한 삶이다. 나이를 먹어도 할 수 있는 일이 있다는 게 행복이다. 자신의 가치가 높다고 생각하며 일을 할 때 자존감도 높아지고 행복에 도달한다. 은퇴한 나이에도 돈을 좇기보다는 자아실현으로 일을 하는 사람들을 많이 본다. 그들은 얼굴에 생기가 있고 행복해 보이며 안정적으로 보인다. 일이 누구에게는 생계 수단이기도 하고 다른 사람에게는 소일거리로 벌기도 한다고 한다. 일을 어떻게 우리가 바라보느냐에 달려 있다. 일이 하기 싫어 억지로 한다면 몸으로 나쁜 에너지가 가서 아프게 하기도 한다. 몸과 마음은 연결되어 있다.

나는 영국에서 일하며 심신이 불안하면서 몸이 아팠다. 일을 위한 일을 하고 있었다. 내면의 소리를 들은 것이다. 내가 지금 행복한가? 답은 아니었다. 시간 활용을 잘하고 싶었다. 우리에게는 선택할 권리가 있다. 미래를 위해 살 게 아니라 지금을 살아야 한다. 지금 행복하지 않다면 언제 행복해야 하나? 이 물음에 나는 지금 행복해지기로 마음을 먹었다.

시간과 재정을 관리할 수 있는 공부를 해야한다. 시간을 지배하는 삶이 진정 행복한 삶이다. 정말 내가 하고 싶은 일을 즐겁게 하고 싶은 것이다. 사람마다 일하는 이유는 백만 가지이지만 최종 목적은 행복이다.

행복을 위해 일을 하는데 건강을 무시하고 미련하게 한다면 그 책임 또한 본인한테 있다. 미국에서 부자의 의미는 물질적 풍족함을 말한다고 한다. 나는 물질적 욕구에서 어느 정도 물러나 있어서 물건을 사기 위해 일을 하지 않는다. 우리가 꿈꾸는 대로 살아야 한다. 매일 시간이 없다고 동동거리고 산다. 우리는 시간이 없다고 동동거리기보다 하고 싶은 일에 집중하고 살아야 한다.

우리가 살아 있음을 경험하는 것이다. 내 인생에 무엇을 할지를 질문하길 바란다. 남이 하는 일이 나아 보여 쫓아가 본 적이 없는가? 외부의 압박과 강박 속에 살고 있지는 않은가? 자신을 성장시키는 목표를 찾게 되면 갈 방향을 헤맬 필요가 없다.

나는 해외 생활을 마무리하며 한국에 도착한 몇 개월은 혼란스러웠다. 갑자기 일과 단절이 되고 어떻게 지내나 하며 내 안의 그녀와 충돌이 일어나기도 했다. 매일 책을 읽고 블로그 글을 쓰며 보내기로 했다. 가끔 갤러리에 가서 심신의 안정을 찾고자 했다. 조급해하지 않기로 했다. 삶을 즐기며 더 큰 가치를 찾아 나가기로 한 것이다. 그것은 끊임없는 배움과 나눔의 실천이다. 우선 배움을 선택했다. 배워 가는 기쁨이 주는 감동은 자신을 자존감 있게 해 주고 행복하게 한다. 내 안의 그녀와 잘 지내며 지식의 양분을 주며 준비하고 있다. 지금도 가끔 카페에서 책을 읽는

데 옆에 책을 읽는 사람이 있으면 한 번 쳐다보며 미소를 짓는다.

인생은 나를 찾아가는 여정이 맞다. 끊임없이 내가 할 수 있는 게 무엇인가를 찾게 된다. 찾게 되면 의외인 것에 흥미를 보일 때도 있다. 바쁜 일상에 타인의 압박에서 벗어나 나대로의 삶에 집중하고 있다 보면 자신이 할 수 있는 일이 나오기도 한다. 지금 나와 만나는 시간을 많이 가지고 있다. 이 시간에는 평온함과 안정감에 자신을 보게 된다. 불안한 마음속에서는 일은 힘들고 문제를 만들게 되는 경우가 많다. 다른 사람이 어떻게 생각하는 것은 아무 쓸모가 없다. 오직 내가 가장 행복할 수 있는 것에 집중을 해 보자. 시간이 없다고 하는 사람들을 보라. 그들 일의 90%는 하지 않아도 될 일들이라고 한다. 나는 이 말에 상당히 공감이 간다. 내가 단순한 삶을 살기로 하기 전에는 엄청 많은 일들을 처리하느라 시간이 바빠서 저녁에는 파김치가 되었다. 대부분 불안해서 만든 일들이다. 모든 것을 단순화하면서 시간이 확 줄었다. 내가 책을 더 읽을 수 있고, 내가 좋아하는 갤러리에 갈 수 있고, 산책할 시간이 주어진다. 많은 것을 덜어내고 얻은 행복이다.

제2의 인생을 준비하는 과정도 하나의 목표다. 공부하며 자신만의 시간을 가지며 생각을 해 본다. 우리의 잠재의식은 무한하다. 잠재의식 속에 우리의 꿈을 새겨 넣어 보자. 잠재의식에 긍정 확언을 넣어 보자. 하고 싶은 것, 되고 싶은 것을 마음에 두고 매일 생각하면 시간이 지나 자신도 모르게 할 일이 나타난다. 처음에는 지루하고 힘들다고 생각할지 모르지만 모든 것은 말한 대로 된다. 우리 주변에는 부정적으로 흔드는 경우의 수가 많다. 그 속에서 벗어나기 위해서는 주변의 지껄임을 그냥 흘려보내고 내 안의 내면의 소리를 들어야 한다. 자신이 하고 싶은 일이 있으면 방해꾼은 저 멀리 두어라. 하고 싶은 일과 연관된 사람들로 이어 나가야 한다.

나는 하는 일마다 불안을 주는 사람은 이제 접어 두었다. 그들이 생각 없이 던진 말은 바로 휴지통에 넣어 버렸다. 나는 이렇게 되기까지 나와 많이 싸웠다. 누군가는 나의 일들에 박수를 보내기도 하지만 질투로 못하게도 한다. 자신이 원하는 것을 '원해'라고 당당하게 말하고 앞으로 나아가라. 지금 나는 50대이다. 한국의 아줌마다. 아직도 할 일이 많다. 자신을 관찰하는 시간이 필요하다. 이게 젊게 사는 비결이다.

사람들은 남을 평가하고 비판하면서 자신은 어떤 사람인지 모르고 이 세상 다하고 간다. 자신과의 대화를 많이 하면 좋다. 그래야 많이 알 수 있다. 우리가 타인과 대화를 나누는 이유가 더 가깝게, 조금 더 알기 위함이다. 자신이 무엇을 하고 싶고 무엇을 원하는지 안다. 생각보다 많은 생각을 안 하고 산다고 한다. 그 이유는 바빠서라고 한다. 내 주변만 봐도 바쁘다고 입에 달고 산다. 잠시도 생각할 시간이 없다고 하는 것이다. 나는 지금 어떤지? 내가 잘살고 있는지? 질문을 하며 생각해 보자. 지금의 이 대화는 자신의 잠재의식과의 대화이다. 연습하면 즐겁게 할 수 있다. 자신에 대해 알게 되면 목표를 설정할 수 있고 할 수 있는 일을 하며 행복한 삶을 살 수 있다.

당신은 잠재력을 충분히 사용하고 있는가? 하루 5만 개의 생각을 한다고 한다. 이 중에는 의식적으로 하는 것의 5%에 불과하다. 가만히 있으면서 떠오르는 것들이 95%나 된다는 것이다. 잠깐 15분에서 20분간 잠재의식에 자신의 긍정 확언을 넣어 보자. "나는 모든 면에서 점점 좋아지고 있다." "나는 있는 그대로 나를 사랑해."라는 말을 잠재의식에 넣어 보자. 우리가 하고 싶은 일을 하고 살기 위해서 자신과 만나는 시간이 중요하다. 자신의 가치를 알아야 한다. 자신의 목표는 설렘이 있어야 한다. 가슴을 활짝 펴고 하고 싶은 일을 하라. 그리고 행복하여라. 당신도 늙지 않는 1%의 사람이 될 수 있다.

있는 그대로 나로 살며 자신을 사랑한다면 최고의 삶을 살 수 있다.

우리는 생각대로 된다

내 안의 생각에 의문을 가지기 시작했다. 고통은 어디에서 오는가? 왜 내 생각에 한계를 긋고 살았나? 질문을 던졌다. 내면에서 답을 찾고 긴 여정을 마치고 20여 개국을 돌며 일어났던 놀라운 일들을 책으로 담게 되었다. 고통과 기쁨 속 의식의 성장은 나를 위로 끌어올려 주었다. 나 자신을 사랑하고 있는 그대로 인정하며 사는 게 최고의 행복이다. 지금 도 수많은 사람이 원인 모를 고통에 갇혀 자신을 표현하지 못하고 산다. 안타까움에 내가 살아온 과정을 드러내며 내가 했다면 누구도 할 수 있 다는 희망을 주고 싶었다.

우리는 간단하면서도 단순한 것을 무시하고 지나가서 자신들이 안고 있는 고통과 두려움을 떨치지 못하고 산다. 글을 쓰는 중에도 내 주변의 사람들은 걱정거리를 내게 쏟아 내곤 했다. 그들을 보며 전에 암울했던 나를 본다. 그들은 걱정거리를 쓰레기만큼이나 담고 산다. 왜라는 의문은 생각조차도 못 하고 있다.

나는 이 비밀을 풀고 싶었다. 해외에서 여러 가지 일들을 겪고 내가 생각한 대로 모든 일들이 펼쳐졌음을 알게 되었다. 우리는 우리가 생각한 대로 된다. 내 인생에도 정확히 맞았다. 이 쉽고 간단한 진리가 누구에게는 들리고 아직도 수많은 사람에게는 안 들린다. 그것은 성공과 연결되었다. 성공한 사람들은 알고 행동했기 때문에 성공했다. 비밀이 풀리는 순간이다.

두렵다고 주저앉아 있었다면 이 많은 성과를 내지 못했을 것이고 지금까지도 마음의 고통을 안고 살았을 것이다.

이 글을 쓰고 있을때 한 통의 전화를 동생으로부터 받았다. 79세인 어머니가 몸이 편찮으시다는 소식이었다. 기억이 있으실 때 내가 쓴 책을 읽으시길 간절히 기도했다.

글을 쓰며 내가 살 날이 얼마 안 남았다면 아들에게 들려줄 이야기를 생각하며 썼다. 컴맹인 나에게 짜증 한 번 내지 않고 가르쳐준 아들에게 감사하다. 책에 어떻게 살면 마음으로부터 해방이 되어 원하는 삶을 살수 있는지를 담았다. 자신을 있는 그대로 사랑한다면 우리가 상상하고 원하는 것은 반드시 이루어진다.

나를 위한 글이라면 모두에게 감동이 전해지리라 생각한다. 사랑이 부족하다고 외부 세상에 헤매는 사람들과 이유 모를 고통에 갇혀 힘든 사람들에게 이 글이 용기가 되길 바란다.

많은 경험 속에서 인생의 비밀을 알았다. 이 비밀을 나 혼자 알기보다는 여러 사람과 나누고 싶었다. 상상하고 시각화해서 일어난 기적적인 삶은 내 경험 속에 펼쳐졌다. 믿기지 않는 일들이 일어났다. 분명 여러분도 자아를 관찰하고 나대로 산다면 가능하다. 나의 삶이 증명되었다.

지금까지 고생한 사람들에게 어떻게 도와줄까? 우선 문수빈 책 쓰기 코칭님께 감사드린다. 나의 이야기에 날개를 달아 주어 쓰게 해 주셨다. 칭찬과 조언을 아낌없이 주셨다. 매우 중요한 시기에 마음의 안정을 주신 어머니, 그리고 가족에게 감사드린다.

미다스북스 출판사에 깊이 감사드리며 출판사 박유진 편집자님께도 감사드린다. 책이 나오기까지 부드러운 협조에 편하게 책이 나올 수 있었다.

그리고 독자 여러분께 감사드린다. 아무 일도 하지 않으면 아무 일이 일어나지 않듯이 독자 여러분이 있어 내가 글을 쓰는 것이다. 책에 나온 대로 실천한다면 고통 없이 평온한 삶을 살 수 있고 도전하는 용기가 생긴다.